U0038033

每天叫醒你的不是鬧鐘，而是心中的夢想。

慕顏歌 著

目錄

PART 1

偉大是熬出來的

PART 2

成功學中的成功方法

PART 3

從來沒有太晚的開始

PART 4

沒有傘的孩子，只能努力奔跑

PART 5

每一份成功後面，都有愛的力量

PART 6

將來的你，會感謝現在拚命的自己

PART 7

盡力，不如比別人更努力

PART —— 1

偉大是熬出來的

任何時候，拚的都是個人的努力。
只有比其他人都懂得努力奮鬥的意義，
才能在百折不撓後贏得屬於自己的天地。

想得到好運氣其實很簡單

只要你的付出足夠讓人肯定你的價值，你就一定能比那些吝於付出的人得到更多。

值得定律告訴我們，只要你的付出足夠讓人肯定你的價值，你就一定能比那些吝於付出的人得到更多。如果你的所得配不上你自己認為的足夠，只能表明付出不夠多。

我在週末加班的時候，一個朋友指責我：「公司有給你加班費嗎？誰也別想在該休息的時候打擾我，我也從來不會在週末還讓員工工作。」

我反駁道：「所以你當不了老闆，也找不到稱心的工作。」生活中有很多這樣的人，把積累自己能力的任何努力，都當成吃虧。無論做什麼事，都要先看見報酬，才願意付出一點與報酬不匹配的努力，一輩子也就因此輸在了不肯「吃虧」上。

人的一切行為，其實都是品質的證明。

一個腳踏車店的小學徒，每次在為車主修好車後，都要把車擦拭得漂亮如新。每到這時，其他學徒都笑他多此一舉：「前來修車的人只付給了你修車錢，你擦車子又沒有報酬，何苦呢？」小學徒並不理會，繼續一次又一次為各個車主提供優質的服務。

終於有一天，他被一家公司挖走了，這家公司的老闆就是他曾服務過的一個車主。從此，他有了一份更好的工作。

是的，想得到好運氣其實很簡單，你只需要付出足夠多的努力。有一個在著名鋼鐵集團工作的速記員，每天都會比別人早到一兩小時，為的是看公司是否有什麼急件需要處理。有一天，總裁先生也早早來到公司，於是知道了這個有責任心的速記員。

當天下午，總裁先生身邊多了一位私人助理——那位儲備速記員。速記員吸引總裁先生的地方，並非他的速記能力，而是他願意多做一點點的進取心。

不要因為害怕吃虧，而失去了證明自己的機會。

所以著名投資專家約翰・坦普爾頓提出過一條很重要的原理，叫「多一盎司定律」。盎司是英美重量單位，一盎司相當於1／16磅，在這裡以一盎司表示一點微不足道的重量。而約翰・坦普爾頓旨在通過「多一盎司定律」，解釋只要比正常多付出一丁點就會獲得超常的成果。並且經過他的研究發現，取得中等成就的人與取得突出成就的人做的工作差不了多少——僅僅「一盎司」之別，取得的成就卻有天壤之別。

人類努力的每一個領域中，都可以用「多一盎司定律」來區別贏家和平凡人。

很多人在工作中，完成的往往只是工作步驟而非任務。讓你聯繫客戶，你打了個電話表達做了聯繫中的某個環節，或者，發了個微信啦，發了條私信啦——你似乎確實聯繫了，但是你卻不會想到，當領導要求我們聯繫某個人或某類人時，真正的完整表達是「竭盡全力與這個人或這類人聯繫上，以完成下一步工作計畫」，你打打電話發發微信，然後說聯繫不上，算怎麼回事？

很多人一輩子之所以一事無成，往往是因為缺少「多一盎司」所需要的那一點點責任、決心、敬業的態度和自動自發的精神，也因此缺少了對工作要旨的真正理解：公司要的是完成任務，而不是浮皮潦草地對付一兩個流程環節。

我們要以結果為導向，才能徹底理解任務的要求，然後多用心一點，多搜集一些歷史資料，多想一點兒創意，或者為達成任務多想一點方案和可能性……這時候，你已經比別人多出了一個機會——踏實工作、認真做事的人往往更能夠發現工作中的機會，同時獲得最大的益處還有工作能力的提升。

每天多做一點點並不是可望而不可即的。只要我們冷靜評估自己的目標和任務，往結果上多想一點，做得比普通人更多一點，你就會比那些敷衍自己人生的人離成功更近一點。

很多時候，那些走好運的人總是比走霉運的人做得更多。於外界來說，勤奮者用自己的行為證明，遇上了事，他們願意堅持更久，願意承擔更多。而於勤奮者本身來說，每天向前進一步，一年下來，就比那些不肯多努力的人朝著自己的目標多邁進了三百六十五步。

每天多做一點點，最需要的是堅持。不能因為情緒的悲喜而起伏，不能時不時就找個藉口中斷，每天都要給自己一個雷打不動的任務，雷打不動地完成好。聚沙成塔，一點點並不引人注目的進步，終將托起你的理想。

沉默會使自己變得更強大

沉默是一把雙刃劍。對於弱者，沉默只會使他失去信心，看不到光明，永遠消沉，直至走向滅亡；對於強者，沉默只是韜光養晦的過程，它會使他變得更加強大。

你可曾有過這樣的經歷：夏天的某個午後，你正在街上行走或者在操場打籃球的時候，突然發現周圍的一切變得安靜下來，空氣似乎凝固了，連鳥兒也不再歌唱了。幾分鐘後，你感覺到空氣中開始有了變化，一排烏雲出現在地平線上。你急忙衝進屋裡，險些被瓢潑大雨淋個正著。

這就是我們通常所說的「暴風雨前的寧靜」。世界真是一個奇妙又隱秘的整體系統，人類也往往不自覺地遵循著自然的規律進行活動。就像北島詩中說的那樣，「一切爆發都有片刻的寧靜」。跳高運動員在起跳的那一瞬，都有一個有力的下蹲；溫度計被放入沸水中的那一刻，水銀柱會先下降，隨後才會迅速上升。這種「下蹲」、「下降」，就是人生的沉潛期，也就是沉默。

有個客人鄭重地送給主人一個禮盒，主人打開一看，只是三個很普通的金屬做的小人。主人很奇怪地問客人，為什麼送這樣的小人給他。

客人取出三個小人放在桌上，拿出一根稻草。當稻草穿過第一個小人左耳的時候，稻草從右耳冒了出來；客人又用稻草穿進第二個小人的左耳，稻草從小人的嘴裡吐了出來；當客人再把稻草穿進第三個小人的左耳時，卻被第三個小人吞進了肚子裡，再也出不來了。

第一個小人，生活中的一切都沒有思考，更沒有付諸行動，左耳進右耳出，好像什麼都沒有發生。這是一種對生活消極處理的情緒，也是對自己的一種放縱，對中肯的意見和有建設性的提議都懶得去理會，長期地沉浸在自己固定的思維裡面，不想發展，也沒有突破，過一天算一天。

第二個小人只是在小處精明，只顧著眼前利益，喜歡到處打聽，然後不負責任地亂說。為了顯示自己的博聞，喜歡成為閒談的主角，對看到的、聽到的事不去加以分析，說出來的都是對別人觀點的簡單重複，該說的不該說的都說了出來，讓周圍的人感到尷尬，甚至弄出許多是非。

很多時候，沉默是最好的處理方式。很多時候的很多事，有許多客觀和主觀的因素的影響，不是誰想怎樣就能怎樣的。對那些未經證實的言論最好不要評說，讓流言止於沉默，這是對別人負責，也是對自己的尊重。第三個小人告訴我們，要學會沉默。

沉默是金。在紛亂的時刻，沉默靜守才能讓自己保持清醒。當生活的巨浪襲來的時候，語言是蒼白的，就算你使盡全力也喊不出和浪濤聲相抗衡的音量，所以你只有沉默。沉默不是退讓，而是一個積蓄、醞釀、等待出擊的過程。

春秋時，楚莊王繼位三年，沒有頒佈一條法令。左司馬問他：「一隻大鳥落在山丘上，三年來不飛不叫，為什麼？」楚莊王答道：「三年不展翅，是要使翅膀長大；三年不鳴叫，是要觀察與準備。雖不飛，飛必沖天；雖不鳴，鳴必驚人！」果然，半年後，楚莊王廢除了十項政令，發佈了九項政令，處死了五個奸臣，提拔了六個隱士。於是國家昌盛，天下歸服。楚莊王不做沒有把握的事，不過早暴露自己的意圖，所以能成就大業。蘇軾說：「博觀而約取，厚積而薄發。」沒有一段或長或短的沉寂期，沒有在沉寂中的反思與積澱，哪有成功者的喜悅，哪有勝利者的歡呼？人們往往只看到人前侃侃而談的博學者，卻忽視了他寒窗苦讀的沉默和艱辛。

沉默只是形式上的靜止，並不代表思考的停滯。相反，深邃的思想，正是來源於那看似沉默的思考過程。我們要瞭解一個人的 思想，最好是看他的文字，而不是和他交談。為什麼？因為人們在寫文章前會仔細推敲，然後才落於紙墨，所以清楚、流暢。思想需要語言的表達，而語言的形成更需要經過一個冷靜思考和反覆推敲潤色的過程。

德語詩人里爾克少年得名，三十多歲就已聲聞歐洲。他在一九一〇年出版《布里格隨筆》之後，創作進入了低潮，整整沉默了十年。

里爾克靜靜地等待著，積累著他對這個世界的認識。「只要向前邁一步，我無底的苦難就會變為無上的幸福。」他在沉默中這樣告訴自己。

一九二二年二月，豁然貫通的時刻終於到來了，在短短的一個月時間裡，里爾克完成了自己生命中的兩部巔峰作品——長詩《杜伊諾哀歌》的主體部分和五十五首《致俄耳浦斯的十四行詩》，它們也成了世界現代文學史上的經典。這一個月，被許多傳記家稱為「里爾克的 mensis mirabili（神奇的月份）」。

有的人在沉默中蓄積力量東山再起，有的人在沉默中沉淪消亡。「不在沉默中爆發，就在沉默中滅亡。」沉默是一把雙刃劍。對於弱者，沉默只會使他失去信心，直至走向滅亡；對於強者，沉默只是韜光養晦的過程，它會使他變得更加強大。

以坦然的心情看待挫折和打擊

人生沒有邁不過去的坎，心中充滿希望，就能以坦然的心情看待挫折和打擊，就能在困難中看到光明，在絕境中找到出路。

每個人的生命裡都會有幾段晦暗的時期。愛人的遠去，至親的離世，工作和人際上的挫折，我們在不同的階段遭遇它們，感到困惑迷茫，憂傷痛苦，感到失去了人生的希望和前行的動力。如果它們在相同時間來臨，就會讓許多人一蹶不振，自暴自棄。

俄羅斯導演塔可夫斯基在他的最後一部電影《犧牲》中，講述了一個關於信念與拯救的故事。

電影的開頭，父親亞歷山大帶著剛做完咽喉手術的兒子種了一棵枯樹。種樹的時候，父親給小兒子講了一個故事：古時候，一個修道士每天提一桶水上山澆灌一棵枯死的樹，這樣堅持了三年，最後，這棵死樹重新開花了。影片的末尾，六歲的小兒子獨自提著水桶去澆樹，然後他躺在那棵樹下，這時候響起巴赫的《馬太受難曲》，小孩子躺在樹下，看著陽光從小樹的枝丫間穿過，那枯樹真的如同開花了一樣。

塔可夫斯基在電影裡告訴我們，永遠不要放棄希望和信心。無論何時，當你陷入絕境的時候，告訴自己：世間只有暫時的艱難，沒有永遠的絕望。無論遭遇多少艱險，無論經歷多少苦難，只要心中還懷著一粒信念的種子，那麼總有一天能走出困境，讓生命再次開花結果。

置身於人生絕境，你必然會飽受痛苦的煎熬，經歷巨大的艱險。它迫使你不得不躲在一個偏僻的角落，向內觀看自己的內心和靈魂，觸摸心靈深處最脆弱的部分，對生命進行深層的觸及本質的思考。請正視這突如其來的變故，把它當作造物主對自己的試煉。

西方傳說中，約伯是一個非常正直的人，他信仰忠誠，熱中行善，得到了上帝的喜愛。有一天，撒旦對上帝說：「約伯敬畏神，難道是沒有原因的嗎？你豈不是四面圈上籬笆，圍護他和他的家嗎？他所做的事都蒙你賜福。他的家產也越來越多。你可以試試毀掉他擁有的一切，他必定會棄你而去。」

上帝相信約伯不管怎樣，都會持守他的純正，於是允許撒旦試驗約伯。在一天之內，約伯的牲畜被示巴人掠去，羊群被火燒光，駱駝被迦勒底人奪去……然而面對這些遭遇，約伯只是說：「我從娘胎裡生出來的時候是赤條條的，去世的時候也必定是赤條條的。」

人生沒有絕境，每個看似絕境的境界就是人生的轉捩點，要堅信心中的信念，就能給絕境的自己重生的力量。

美國總統羅斯福出身政治世家，擁有不可限量的前途。他二十八歲成為美國海軍部助理部長，三十八 歲成為美國民主黨的副總統候選人。

但就在三十九歲那年，羅斯福和家人去了一個小島避暑後，厄運開始了。一天，羅斯福和孩子們一起出海，看到一個小島上起了山火。於是，羅斯福和孩子們將船靠到了岸邊，他們拿著紮成捆的松樹枝撲打了好久，才把火漸漸撲滅。回到家後，羅斯福覺得自己疲憊極了，於是他游了一會兒泳，想借此恢復精神，但沒有奏效。返回住處不久，羅斯福病倒了。第二天早上，他起床時發現自己左腿彎曲，已經再也沒辦法站直了。

羅斯福和妻子慌了，他們請了不少醫生來治療，但無論是家庭醫生還是在附近度假的著名外科專家、都沒能做出準確的診斷。

二十多天以後，哈佛大學矯形外科專家，脊髓灰質炎研究的權威羅伯特醫生才確診羅斯福患上了脊髓灰質炎。這種病在當時沒有特別有效的治療方法，羅伯特醫生告訴羅斯福，他雙腿麻痹的症狀將永遠無法治癒。

然而，羅斯福展示出了超乎常人的巨大勇氣，他在理療師的幫助下，制定了詳細的計畫，逼自己進行復健訓練。他躺在一塊木板上，通過理療來舒展已經變得僵硬的肌肉。這個過程很痛苦，一般人一週堅持不了三天，但羅斯福卻堅持理療師每天來幫他進行訓練。

就這樣，儘管臀部以下已經癱瘓，羅斯福卻用頑強的毅力慢慢學會了操縱輪椅，甚至使用枴杖走路。

不久，羅斯福重新回到了政壇，並拖著傷殘的身軀，積極工作。他與病魔頑強鬥爭的精神感動了很多人，他煥發了新的政治生命。

巴爾扎克說：「絕境是天才的進身之階，信徒的洗禮之水，能人的無價之寶，弱者的無底之淵。」

只要生命不息，希望就不會斷絕。人生沒有邁不過去的坎，只要心中充滿希望，能以坦然的心情看待挫折和打擊，就能在困難中看到光明，在絕境中找到出路。

當你感到困惑時，當你身處絕境時，要不停地跟自己說：「只要希望不滅，就一定能擺脫現狀！」專注於尋找出路，並相信自己必可逃出這個困局，你就會尋找到機會，把危機化為轉機。

「山重水複疑無路，柳暗花明又一村。」在沉浮榮辱的人生關口，擁有堅定的信念，以及信念產生的勇敢與智慧，是走出絕境的不二法門。身處絕境，可能會粉身碎骨，但也可能絕處逢生。

把握住每一個可能的機會

把握住每一個可能的機會，再平凡的人，也一定能做出最不平凡的事來！

每個人都在夢想著品味到獲得成功的喜悅，那甚至被看作人生最大的快樂。可對多數人而言，成功卻是那麼遙不可及。有些人相當努力，但機遇好像永遠離他很遠，他總是抓不住成功的手。怎樣擺脫這種尷尬的狀態呢？

很簡單。想釣大魚，得到深水去；勇於競爭的人，才能擁有不平凡的人生。

在我看來，不平凡的人主要有三種：

第一種是被稱為「二代」的人。由於他們的老爸老媽是不同凡響的人，他們大多會不同凡響。比如「富二代」，能穿名牌、開豪車、住豪宅，有大筆的財富等著他們去繼承，這一切，注定他們的一舉一動都會不同凡響；再比如「星二代」，生下來就生活在聚光燈下，這輩子注定要熠熠生輝。

有時候我會想，這些人的不凡是不是不可複製？然而，靜下心來一想：他們固然有天生的優勢，但是後天的努力也是必不可少的，否則，就很難不同凡響，甚至會把這種優勢變成精神的枷鎖。「富不過三代」，這句話很容易成為這種人經歷的真實寫照。

第二種是天生擁有不同尋常的天賦的人，就是我們常說的天才。比如蘇菲，天生擁有數學天賦，隨便在家看一本數學書，就可以解出很多人學習了幾年才能解出的數學公式；再比如莫札特，天生就是音樂天才。這些人的身上具有普通人所不具備的天賦，他們只需要加上一點努力，一點拚勁，將特長發揮得淋漓盡致，便會擁有一個不同凡響的人生。

第三種是指生長環境並不優越，也沒有不尋常的天賦，但卻擁有一顆不安分的心，勇於競爭的人。他們的內心對成就自我有著強烈的渴望，在人生奮鬥的過程中，他們也許會失敗，但是失敗並不能擊垮他們的勇氣和動力，他們終將成就一番偉大的事業。

這樣的人不勝枚舉。比如商界的稻盛和夫，演藝界的歐普拉・溫芙蕾，還有政界的歐巴馬等等。縱然他們也經歷過失敗，或者曾經敗得一塌糊塗，但是只要還有一口氣，身上只要還有一毛錢，也要爬起來繼續向前，他們可能是「偉人」，也可能是「瘋子」或「狂人」，但當自己決心要在社會中扮演重要的角色時，他們會成為不同凡響的人。

其實這三種人中的前二者，在很大程度上是憑藉天時、地利而不凡的，或者說，他們只要有合適的機遇，就可以得到自己所想。而後一種則需要憑藉自身的智慧和魅力成就自我。他們都有一個共同點，那就是雖然他們沒有什麼「二代」的頭銜，更沒有被上天賦予什麼獨特的才能，但依然取得了不凡的成就。我想，這就是他們敢於自我期許，敢於去拚的結果。正如歌德所說：「流水在碰到阻礙後，才把它的活力釋放。」

可以說，機遇往往和困難與風險相伴，懼怕風險和害怕困難的人把握不住機遇。抓住機遇實現人生飛躍的人，必是勇於挑戰風險和克服困難的人。因為不怕風險和困難，他們能夠發現掩藏在風險和困難之下的機遇；因為勇敢和毅力，他們可以在前進的道路上克服遇到的一個又一個挑戰。只要能把握住每一個可能的機會，再平凡的人，也一定能做出最不平凡的事來。

為自己的夢想在路上奔跑的人是勇敢的，同時也是美麗的。正如一首小詩所說：「生命有多殘酷，你就應該有多強。人生是永遠的競爭，奮鬥是唯一的出路。」

任何時候，拚的都是個人的努力。只有比其他人都懂得努力奮鬥的意義，才能在百折不撓後贏得屬於自己的天地。

人類的進步，社會的發展，都離不開優勝劣汰的自然規律，機遇總是垂青勇於競爭的人。人所要的一切，始終都要自己去爭取。

有了夢想還不夠，還要勇於競爭，才能讓夢想照進現實。

堅持是人生的「複利」

成功之所以難，不是事情有多難或者多單調，而是缺乏持續不斷的努力與堅持。

愛默生曾說：「人無所謂偉大或渺小。」而堅持，才是成功的關鍵，可以說，堅持就是人生「複利」的過程和永久的「享受」。

首先，讓我們來看看複利的過程吧！

我們知道，複利是指在每經過一個計息期後，將所剩利息加入本金，以計算下期的利息。這樣，在每一個計息期，上一個計息期的利息都將成為生息的本金，即以利生利，也就是俗稱的「利滾利」。

那麼，怎樣來理解複利產生的效應呢？

以理財為例，假設你現在往銀行存入一百元，年利率是10%，那麼一年後，無論你用單利還是複利計算利息，本息合計都是一樣的：一百一十元。

但到了第二年差別就明顯了，如果用單利計算利息，第二年的本息合計是一百二十元；複利就不一樣了，第二年的本息合計就變成了一百二十一元，比單利多收入了一元錢。

你可不要小瞧這一元，如果本金或利率再大一點，加上年限再長一些，就無法想像這其中的差距了。

一九七九年，耶魯大學的一群畢業生開了次同學會。大家都覺得學校一直對他們挺照顧的，因此商量給學校捐筆錢表示謝意。這個想法得到了普遍的支持，大家紛紛捐款，一共得到了三十七萬五千美金。

一開始的時候，他們打算直接將錢送給學校，但有人提出：學校不會管理資產，我們可以用這筆錢替學校來理財。大家都同意了這個做法。

二十五年後的二〇〇四年，這筆錢居然增長到了一億一千萬美金——這也是耶魯大學收到的最大一筆捐款。綜合算下來，這筆錢的基金複利達到了37%。僅僅二十五年，就從不到四十 萬增長到了一個億——這就是複利的強大力量。

傳說有位印度教宗師向國王獻上了國際象棋，國王很快就對這種新奇的遊戲產生了濃厚的興趣，他十分高興，決定要重賞宗師，便問宗師想要什麼。宗師謙虛地說：「陛下，我不需要重賞，只要你在棋盤上賞我一些麥粒就行了。在棋盤的第一個格子裡放一粒，在第二個格子裡放兩粒，在第三個格子裡放四粒，在第四個格子裡放八粒，依次類推，每一個格子裡放的麥粒數都是前一個格子裡放的麥粒數的兩倍，直到放滿第六十四個格子，就可以了。」國王哈哈大笑，覺得這個要求簡直微小極了，於是便讓人扛來一袋麥子。手下人在第一格內放一粒，第二格內放兩粒，第三格內放四粒——還沒有到第二十格，一袋麥子已經空了。一袋又一袋的麥子被扛過來……國王很快就看出，即便把全印度的糧食都搬過來，也遠遠不夠。

原來，所需麥粒總數是：

$$1+2+2^2+2^3+2^4+\cdots\cdots+2^{63}=2^{64}-1=18,446,744,073,709,551,615$$

這些麥子大約有一百四十萬億升，全世界產出這些麥子，大約需要兩千年！

同樣的道理，如果你每年年底存1.4萬元，並且將存下的錢都投資到股票或房地產上，獲得平均每年20%的投資回報率，那麼十年後，你將得到三十六萬元。如果存四十年後是多少？是1.0281億元。

要想擁有複利型的人生，首先必須要有目標導向性，而且要可以細化量化。計畫的實施者要清楚自己每天究竟有多少任務，要懂得今天的事情一定要今天完成，並且，目標確定得越早越好。

複利是需要在時間的隧道中慢慢產生效應的，如果行動過晚，時間太短，你就不會感受到複利所帶來的巨大作用。

李嘉誠自十六歲開始創業，到八十三歲時，身家達到了兩百六十億美元。對於普通人來說，這是一個天文數字。但是，如果我們有一萬美元，每一年複利24.7%，同樣六十七年，就可以擁有和他一樣多的財富。

成功的艱難不是在於沒賺到暴利，而是在於持續的努力與堅持。當我們擁有了複利的人生，我們才能有機會和資本去享受生活的美好，或者得到人生永久的享受。堅持，會看到雨後的彩虹；堅持，可以鷹擊長空；堅持，可以讓自己持續有力地奔跑在歲月中。成功之所以難，不是事情有多難或者多單調，而是缺乏持續不斷的努力與堅持。

即使我們只有一點點的投入，也要不斷地去複利，讓人生進入良性迴圈中。我們要用多一點點的辛苦來交換多一點點的幸福和享受，受點挫折也不要緊。讓我們坦然面對，並且堅信，我們的人生將在複利中擺脫平庸。

機會總是留給有準備的人

人，不要失去以後才去遺憾，更不應該在遺憾中沒日沒夜地咀嚼失去，那只能是追悔和嘆息。

機會總是留給有準備的人，只要你做好了充足的準備，以主動的姿態抓住了機遇，就會獲得成功。

蕭伯納說：「在這個社會上取得成功的人，都是那些善於抓住機會的人；如果沒有機會可抓，他們就自己創造機會。」

從前有一個年輕人。無論做什麼事情都非常失敗。於是他開始怨恨這個世界的不公，然後什麼事情都不用心去做，漸漸丟掉了自己的人生目標。

有一天晚上他睡覺夢到了一位神仙，於是就對神仙訴苦：「這個世界怎麼這樣啊，為什麼機會不光顧我……」

那位神仙告訴他說：「我教你個改變命運的辦法。你明天起床後，到有人的地方，去找一個叫『機會』的人，找到的話，你就緊緊地抓住他的手不放。」

第二天，年輕人真的出去了，但一直到天快要黑了，也沒找到「機會」這個人。

疲憊不堪的他在一座橋上坐下休息，這時有個穿得很破爛的老頭路過，年輕人想，他這麼老，而且還穿得這麼爛，肯定不是神仙讓我找的人，我再等等……

沒想到，年輕人一直沒等到叫「機會」的人。

晚上睡覺他又夢到那個神仙，於是質問神仙，為什麼要騙他。神仙說：「我沒有騙你，你在橋上坐下時，是不是看見了一個老頭？你是不是沒問他？但他就是『機會』啊！」年輕人問：「你怎麼知道得這麼清楚？」

神仙說：「那老頭就是我，我的名字就叫『機會』。機會來了，你抓住了就是你的機會。你抓不住，那就是你失去了機會。」

人生就是這樣的。機會在你面前的時候，你沒有去好好地珍惜。一旦失去了，你就會遺憾。

這個年輕人自以為是，並且缺乏主動出擊的精神，不經意間錯過偶然的機遇。如果他能換一種心態，不是只坐在那裡，而是主動去問那個老頭，或許事情的結局會是另外一個樣子。

一個人如果不積極進取，即使遇到再好的機會，也難以抓住，即使機會就躺在你身邊，也還是一樣會錯過，只會喃喃地念叨：曾經有一個機會就在我的面前，可是我卻沒有珍惜，當失去的時候，才知道後悔莫及，世界上最痛苦的事情莫過於此……

人，不要失去以後才去遺憾；更不應該在遺憾中沒日沒夜地咀嚼失去，那只能是追悔和嘆息。

人的一生中總會有不少機會，當它來臨時，需要你要用積極的思維、敏銳的感覺去發現它，並主動出擊，去把握它。

我們從小就都熟知這個故事：

魯班是木匠的祖師爺。他在一次上山砍樹木時，被一種野草劃破了手，鮮血直流。他摘下葉片輕輕一摸，原來葉子兩邊長著鋒利的齒。於是，魯班便想：要是有這樣齒狀的工具，不是也能很快地鋸斷樹木了嗎？回到家後，經過認真研究，多次試驗，魯班終於發明了鋒利的鋸子。

人生啊，多一點主動，就少一分遺憾。多一點思考，就多一點成就。

未來社會，最需要複合型人才，需要知識、能力、智力與非智力的複合能力。面對阻力，面對繁雜多變的社會，面對著強手如林的職場，面對著殘酷嚴峻的就業競爭，我們一定要鍛鍊自己各方面的能力，取長補短，為走向成功積極地做好準備。

要保持謙虛的心態，虛心、耐心、熱心、誠心，這是職場新人必須具備的基本素質。要培養自己扎扎實實的工作作風和敬業精神。

在挑戰面前，要有未雨綢繆的危機意識，多做準備，用主動的姿態迎接每一次挑戰。

李君是學物理專業的，這樣的專業在科研單位很受歡迎，但是在出版社就不佔優勢。特別是跟那些新聞、中文專業相比起來，就更顯得略遜一籌。

但是，就是這樣一個沒有什麼背景、人際交往能力也很一般的女孩，卻在短短半年之內連升兩級。

關於她的迅速攀升，各種說法紛至遝來，就是沒有人相信她是憑藉自己的能力得來的。同事們更願意相信，好運氣特別青睞於她，才讓她獲得了別人不敢奢望的好機會。

那麼，李君幸運的主要因素是什麼呢？

論學歷，她沒有優勢；論口才和交際，比她能說會道，甚至圓滑機智的人多得是。她升職唯一的理由就是踏踏實實地幹好自己的本職工作，盡職盡責，對交代的任務非常認真地完成。再加上偶爾出人意料地表現一下，或是對於同事出現的疏忽大意一聲不響地更正過來。

她的努力終於贏得了上司的好感。上司發覺她是一個可以委派大事的人，於是就提拔她，讓她擔負更重要的工作。

可見，是她自己為自己創造了好的機遇。

所以，我們要以主動的姿態迎接挑戰，市場的競爭，某種程度上也就是人才的競爭。大浪淘沙，不主動努力的人，只能被生活的海洋無情地拋棄。

努力讓自己更有價值

努力並不是為了明天得到多大的榮耀，而是為了讓今天的自己有價值。

我們為什麼要那麼努力？

這個智商「爆表」的時代，每個人都那麼精明，誰不知道努力的意義呢？努力是所有成功的前提，我們要為了最終的成功而努力。所有人都明白這個道理，為什麼成功的人還是少數？為什麼還是有很多人做不到努力？最可怕的不是不肯，而是做不到。

有的人也努力奮鬥了，並且很順利地獲得了成功，但是，他並不快樂。在他心裡，自己並沒有獲得想要的那種美妙的感覺。

原來，這就是我們的盲點：努力是為了他人所推崇的榮耀。你以為沒有獲得快樂，是因為自己不夠努力。其實，在真正為自己做事的時候，你並不會擔心自己不夠努力。

所以，別再跟著別人跑了，你得先弄明白，你想要的是什麼。如果不是你想要的，再多的努力都是浪費生命。

不要指望他人會自動滿足我們的期待。沒有過分的期待，就不會有徹底的失望。當你不再指望別人給你什麼，你就看到了改變命運的希望。

有個窮人，供奉一座木制的神像，天天祈求神為他造福。幾年過去了，他反而變得更窮了。一怒之下，窮人就抓住神像的腳往牆上摔去。神像的頭被摔破了，從腦袋裡掉出了金幣。這人把金子拾起來，生氣地罵道：「我看你既可惡，又愚笨。我尊敬你的時候，你裝模作樣，一點好處也不給我；我打碎了你，你卻給了我這麼多的好東西！」

神像，象徵著我們的期待，在生活中，我們自覺不自覺地產生了許許多多的期待，我們漸漸習慣把希望放到神像身上，把期待放到別人身上。然而，我們不知道，每一尊神像裡都可能藏著金幣。只有打碎它，才能獲得。每個人都應該勇敢地打破那尊神像，打破對別人的期待，才能拾起屬於自己的金幣。

努力並不是為了明天得到多大的榮耀，而是為了讓今天的自己有價值。這種價值感會促使你不斷地努力，即使沒有人督促。

這樣的一個結論，並不是輕易得來的。做為一個沒有志氣的人，我小時候沒立下過什麼偉大的志向，甚至連一個明確的夢想都沒有。老師和同學都在談論夢想的時候，我說我的夢想就是長生不老。因為沒有明確的目的，所以我的人生多半是為了別人而活：為了母親的叮囑而上學，為了父親的驕傲而努力爭第一，為了他們的人生理想而考大學。

真正的我，只想在一個安靜的屬於我的空間裡畫畫。我喜歡充滿線條和色彩的世界，喜歡在那片空白的世界映射出內心的另一種可能，我深深沉迷在那種美妙中。只可惜，當時我並沒有意識到那才是自己真正的理想。

我把別人的理想都一一實現了，可我一點都不快樂，感覺自己是一個空殼，所有人都覺得我應該能做些事情，其實我什麼都做不了。這種感覺總是不斷地在我內心中浮現，為我帶來莫名的恐懼。

那時候，我以為我還不夠認真，還不夠努力，所以我期待的美好明天還沒有到來。所以我也很努力，可是，我總是做到中途就筋疲力盡，隨後，我總在被催促，我感到自己的原動力明顯不足。更可悲的是，我眼睜睜地看著自己的青春在不斷地流失，而我卻在一天天地走向失敗，離那個所謂的成功越來越遠。

就在我停滯不前的時候，我無意中開始做自己喜歡的事，我發現，自己有用不完的能量，居然能做到廢寢忘食的地步。我突然意識到，人生最大的幸福，就是做自己最想做的事。只有在這樣的過程中，我才覺得時光的珍貴、價值的重要。

人生其實很簡單，只要凡事倚靠自己，學會承擔自己的人生，我們就會發現，自己才是自己最大的貴人。

努力讓今天更有價值，你的明天才不至於總停留在一種願景裡，真正屬於你自己的成功，總有一天會到來。

給自己幸福，是我們的權利

接納自己，是我們的義務；發現自己，是我們自己的責任。給自己幸福，是我們的權利。那些給予不了自己幸福的人，別人也給予不了他們幸福。

人外有人，天外有天，沒有人會活得一無是處，也沒有人能活得了無遺憾。比較之心，能把你從天堂拖進地獄，也能把你從地獄拉上天堂，關鍵看你是俯視還是仰視。比上不足，比下有餘。一味比上會痛苦，一味比下會墮落。

我們用不著向別人證明什麼，要光顧著看別人，會走錯自己腳下的路。不要羨慕你不想成為的那種人，表面的風光背後，其實有著你難以想像的艱難，甚至難以承擔的惡果。虛榮是生命不能承受之重。

一個花季女孩，因為羨慕別人的奢華生活，走上了一條錯誤的路，而今後悔莫及。由於出生於農村，且家境是家鄉最貧困的，所以她從來沒有穿過新衣服，所有衣服，都是撿姐姐已經穿過的或別人送來的舊衣服。見別人穿紅戴綠，自己永遠那麼老土，她的心裡十分痛苦。

後來，她到城裡打工，有次去一家服裝店看上了一件衣服，由於沒有錢買這麼貴的衣服，又不捨得脫下，便請求老闆，讓她為這個服裝店工作，以換取那件衣服。老闆一眼就看穿了她的淺薄虛榮，告訴她只要願意與他相好，店裡的衣服可以隨便穿。這個從來沒有穿過時尚衣服的女孩最終答應了這個老闆。沒多久，店老闆就厭倦了，她連生活都沒了保障，只好一次又一次地委身於男人來換取一些延續性命的東西。

由於長相漂亮，她被一個皮條客相中，於是開始了她遊走在高富帥之間的時光。雖然，她並不想成為這樣的人，但生活標準一旦提上去，就很難再降下來。習慣了奢侈生活的她，根本不想放低姿態，過平淡而樸實的生活。誰的青春不多情，後來，她對一個長相俊美心地善良的男孩動了情。可惜的是，當她滿心歡喜地籌備自己和心愛之人的未來時，現實卻狠狠地搧了她一耳光：由於打胎次數過多，她已經失去了生育能力。由於伴侶過於繁雜，她得了只能從此看著自己青春美麗的皮膚一寸寸慢慢腐爛下去的病。聲名狼藉的她，求天不應，叫地不靈。歷經萬般生不如死的折磨，她才終於明白，自己所揮霍的，不僅僅是一段屬於青春的黃金時光，還有不可重獲的健康資本。連笑一笑都疼的時候，她才終於懂得，身安、心安即是福。

一個人所有的得到，都是自己付出的回報。一個所有的感受，都只有自己才完全知道。

一個人生命中所有的責任，也都只能由自己承擔。

但是，在這個世界上，絕大部分人對自己人生責任的擔負，卻完全處於被動狀態。他們之所以把這些視為自己的責任，不是出於自覺的選擇，而是由於習慣、時尚、輿論或情感需求等。有的人偶然從事了某種職業，長期從事以後，因為薪資和發展問題，他們不敢改行，把從事這種職業當作了自己的責任，他們從來不會嘗試真正適合自己本性的事業。有的人看見別人發財後大肆揮霍，便覺得自己也有責任拚命掙錢、花錢。有的人成天糾結於別人怎麼看自己，終日謹小慎微地為各種評價而活，從來不曾認真地想過自己的人生使命究竟是什麼。

生命是場獨自之旅，我們唯一能擁有的，只有經歷。在這段經歷中，只有我們自己去拚、去闖、去發現，去經歷、去體驗、去承擔，才有可能真正找到屬於自己的幸福。天下所有的勵志書，告訴我們的都是去發現自己。

一個生意人，把全部財產投到一種小型製造業，由於戰爭的爆發，他無法取得工廠需要的原料，只好宣告破產。他大為沮喪，竟然離開妻子兒女，成了一名流浪漢。他無法接受自己失敗的事實，有一陣子，甚至想要跳湖自殺。

一個偶然的機會，他看到了一本名為《自信心》的書。這本書給他帶來了勇氣和希望，他覺得能寫出這樣激勵人心的文章的人，必定智慧過人，說不定有辦法幫助人走出低谷。他決定找到這本書的作者，請作者幫助他再度站起來。當他找到作者，說完自己的故事後，那位作者卻對他說：「我希望能對你有所幫助，但事實上，我卻沒法幫助你。」流浪漢的臉立刻白了，他喃喃地說道：「這可怎麼辦呢？」

作者停了一會兒，然後說道：「雖然我沒有辦法幫你，但我可以介紹你去見一個人，他可以幫助你東山再起。」流浪漢立刻有了精神，他激動地抓住作者的手，說道：「看在老天爺的分上，請帶我去見這個人。」

於是作者把他帶到一面高大的鏡子面前，用手指著鏡子裡的人說：「我介紹的就是這個人。在這世界上，只有這個人能夠使你走出低谷。除非徹底認識這個人的力量，否則你只能跳湖自殺。因為在你對這個人有充分的信賴之前，對於你自己或這個世界來說，你都只是個沒有任何價值的行屍走肉。」

流浪漢朝著鏡子向前走了幾步，用手摸摸自己憔悴的臉龐，對著鏡子裡的人目不轉睛地盯了幾分鐘，然後，他蹲下身子，低下頭哭了。

幾天後，作者在街上碰見了這個人，他變得幾乎讓人認不出來了。他的步伐輕快有力，胸脯挺得高高的。他從頭到腳煥然一新，看起來狀態不錯。

「對著鏡子，我找到了我的自信。那一天，我離開你的辦公室時，還只是一個流浪漢。現在，我找到了一份工作，老闆還預支了一部分工資給我供家人生活。我找回原來的自己了。」他風趣地對作者說，「我正想告訴你，過幾天，我還會再拜訪你一次。我會帶一張支票，簽好字，收款人是你，金額由你填。因為你介紹我認識了那個『成功人士』，幸好你讓我站在那面大鏡子前，把真正的自己指給了我看。」

接納自己，是我們的義務；發現自己，是我們自己的責任。給自己幸福，是我們的權利。那些給予不了自己幸福的人，別人也給予不了他們幸福。

PART —— 2

成功學中的成功方法

你可以不成功，但你不能不成長。
也許有人會阻礙你成功，但沒人會阻擋你成長。

克服恐懼，是通往成功的第一步

其實，恐懼是我們想像出來的，是唯心的東西。我們一轉念，它便消失無蹤了。

我們都聽說過「馬太效應」這個詞，也都知道它的意思是「強者會更強，弱者會更弱」。但知道這個詞的人中，有很多人並沒看過它的故事原文。為此，我查了一下百度百科，得到如下資料：

一個國王要出門遠行，臨行前，交給三個僕人每人一錠銀子，吩咐道：「你們去做生意，等我回來時，再來見我。」國王回來時，第一個僕人說：「主人，你交給我的一錠銀子，我已賺了十錠。」於是，國王獎勵他十座城邑。第二個僕人報告：「主人，你給我的一錠銀子，我已賺了五錠。」於是，國王獎勵他五座城邑。第三僕人報告說：「主人，你給我的一錠銀子，我一直包在手帕裡，怕丟失，一直沒有拿出來。」於是，國王命令將第三個僕人的一錠銀子賞給第一個僕人，說：「凡是少的，就連他所有的，也要奪過來。凡是多的，還要給他，叫他多多益善。」

看完上文後，我們可能就不再關注「馬太效應」了。但我莫名其妙地想再看看《聖經》原文。為此，我下載了《聖經》的文本，在《馬太福音》一章中找到了這個故事：

一個人要遠行，他叫自己的僕人來，把產業交給他們。他按照各人的才幹，一個給三萬個銀幣，一個給一萬二千個銀幣，一個給六千個銀幣，然後就遠行去了。

領了三萬的人馬上去做生意，另外賺了三萬。領了一萬二千的也是這樣，另賺了一萬二千。領了六千的人去把地挖開，把錢藏了起來。

主人回來後，領了三萬個銀幣的人拿著另外的三萬，說：「你交了三萬給我，我又賺了三萬。」主人說：「你做得好，我要派你管理許多的事。」

領了一萬二千的說：「你交了一萬二千給我，我又賺了一萬二千。」主人說：「你做得好，我要派你管理許多的事。」

領了六千的說：「我知道你是個嚴厲的人，沒有撒種的地方，你要收割。所以我害怕起來，去把你的錢藏在地裡。你看，你的錢還在這裡。」主人說：「你這個又可惡又懶惰的僕人，你既然知道我要在沒有撒種的地方收割，就應該把我的錢存入銀行，我回來時可以連本帶利收回。」而後，主人把他的六千銀幣拿去，給了那個有六萬的。凡是有的，還要加給他，讓他充足有餘；而沒有的，連他有的也要奪過來。而後，主人把那個沒用的僕人丟在外面的黑暗裡，讓他在那裡哀哭切齒。

網上大多是這麼解釋這個故事的：一個人在某方面（如金錢、名譽、地位等）獲得了成功，便會產生一種「積累優勢」，這能給自己帶來更多的機會，取得更大的成功。這就叫「贏家通吃」。所以，「馬太效應」只不過是「贏家通吃」的代名詞。但看過《聖經》原文後，你會發現其中還隱藏另一層面的道理，那就是第三個僕人成為輸家的根本原因：一種「收斂性」的心理。這種心理的相關文字在百度百科中被刪掉了，即第三個僕人說的：

「我知道你是個嚴厲的人，沒有撒種的地方，你要收割。所以我害怕起來，去把你的錢藏在地裡。你看，你的錢還在這裡。」

第三個僕人的這段話較複雜，而前兩個僕人的話則較簡單：

「你交了三萬給我，我又賺了三萬。」

「你交了一萬二千給我，我又賺了一萬二千。」

第三個僕人的話中有一種「收斂性」的心理。這體現在兩句話中：

「我知道你是個嚴厲的人」。

「所以我害怕起來」。

「嚴厲」和「害怕」的本質是「恐懼」。基於這種恐懼，而產生另一種心理：不主動想辦法創造價值。這可以體現在這句話中：

「沒有撒種的地方，你要收割。」

將這句話換一個說法就是：「你沒餵飯給我吃，我就會餓死。」

在這種心理的掩護下，產生了他的自我安慰：

「你看，你的錢還在這裡。」

從這句話中可以看出，這個僕人並不為自己沒創造價值而感到慚愧，反而因為保住了主人的錢而認為自己有功勞。如果用一個詞概括這種心理，就是「懶惰」。

你想沒想過，自己是和第三個僕人一樣的懶人呢？

第一步：有多少人在看到「馬太效應」這個詞後，去查了百度？第二步：看了百度百科後，又有多少人並沒有滿足，而是繼續去查《聖經》原文？

第三步：查了《聖經》原文後，是否會將它與百度百科的內容做比較，並發現新東西？

沒經歷這三個步驟，對「馬太效應」一詞的認識就會停留在原來的層面（比如，只把它當成「贏家通吃」的代名詞）。這和第三個僕人說的「你看，你的錢還在這裡」是一樣的。現在，你是否發現，自己和第三個僕人一樣呢？

其實，我們每個人身上都有第三個僕人的懶，只不過懶的程度有差別。但只要略微勤奮一點，在「馬太效應」一詞中得到的收穫，就不僅僅是把它當成「贏家通吃」的代名詞。比如這三個啟示：

一、對外而言，不嫉妒比自己強的人，因為自己的弱是自己造成的。
二、對內而言，應該克制自己的懶惰，爭取做前兩個僕人那樣的人。
三、在根本上，懶惰源於恐懼（上文分析過）。克服恐懼，是通往成功的第一步。

如何克服恐懼？其實，恐懼是我們想像出來的，是唯心的東西。我們一轉念，它便消失無蹤了。這有點類似於「放下屠刀，立地成佛」。成佛看似是一個遙不可及的事，但「放下屠刀」卻是一瞬間的事。克服恐懼也一樣，眨眼間就能做到。

你的「潛意識力量」

激情是劇烈的，它會迅速產生、迅速消失，如同烈火，燃燒起來有燎原之勢，熄滅時會煙消雲散。

一名青年寫了自己學習成功學的過程：

小學畢業後，他第一次買了一名成功學大師的書。周圍的同學都說這個成功學大師講的道理不現實，他當時只是懷疑：「是我錯了嗎？」

上了高中，他的成績一直優異，同時深入學習了這個成功學大師的課。那時，很多同學在玩《魔獸世界》、《夢幻西遊》等遊戲，他還偷笑他們浪費時間。

一個暑假，他去聽了一位成功學大師的演講，並獲得了金牌學員獎。高中畢業前，他決定不上大學了，應該早經商早賺錢。

他的父母也是經商的，他跟他們講了這名成功學大師的光輝事蹟，他們非常不認同，認為那都是騙人的。但在他長時間的軟磨硬泡下，父母去聽了成功學大師的課。後來，他的母親還交了二十萬元的學費。在該成功學大師的洗腦下，一年後，他的母親改行做了直銷，父親差一點也做了這個。

現在，他只想說，這個所謂的成功學大師是個大騙子。

他現在把成功學的整個體系、整套把戲都瞭解透了，因為他追隨了他們八年。在他們的課堂上，會放一些背景音樂，在你激動得不知所措，甚至徹底失去理性時，他們給你洗腦，讓你確定遠期目標。比如讓你定一個十年的目標，讓你寫下十年內要完成什麼。但你心裡實際上是沒譜的，因為你連明年自己在幹什麼都不知道，就不要說十年內幹的事了，更不要說按他的要求標注每個目標在哪個月實現。

該成功學大師經常說自己從一個窮光蛋變成富翁，他的徒弟也一樣。但他們是怎麼發財的？都是靠演講。徒弟們跟他學演講，而後有人跟他的徒弟學演講，他們賺錢的唯一途徑就是演講的門票。打著「以最短時間幫助最多人成功」的旗號，一個演講二十萬。

這名青年親眼看到他們讓一個打工的女士交二十萬元學費。人家沒錢，就讓人家去借。一個打工者怎麼將二十萬還給親戚朋友？

他們說的成功的「捷徑」真的存在嗎？他們口中的「快錢」背後，是一群騙子在盯著你的錢包。他們的各種口號，都是教給傻子聽的。你每天大喊「我行，我行，我行行行」，你就真行了？大喊「我是世界首富，我是世界首富，我是世界首富」，你就成首富了？

成功，是一步一個腳印走出來的。

就像一個好學生整天在玩，一個差學生問他：「你總在玩，為什麼成績好？」好學生答：「這是智商問題，不是努力問題。」實際上，放學後，差學生兩手空空回家，回家後還想：「這到底是不是智商問題？」而此時，好學生正打開塞滿書的書包，晚上偷著學呢。

這位青年為什麼會受害呢？是因為「激情」是一種很能誘惑人的東西，你被它拽著跑，空耗了很多時間、金錢，自己卻不覺得哪不對勁。等發現問題時，已經晚了。而成功學的核心就是「激情」。

激情是劇烈的，它會迅速產生、迅速消失，如同烈火，著起來有燎原之勢，熄滅時會煙消雲散。

激情的反面是習慣。習慣是和緩的，它不是短期內形成的，也不會在短期內改變。當然，也有例外，比如一隻神經貓被天上掉下的花盤砸到了腦袋，然後立刻變得不神經了。但這種情況太少，可以忽略。

習慣根植於潛意識中。每個人可能都有過「我要改掉這個習慣」的想法，但最終大都不了了之。因為潛意識是暗中替你做決定的利益集團，對於大多數人來說，它才是思想和行為的主宰。它的使命是「幹掉」一切與它不同的思想或行為，它會一步步趕走想改變它的敵人。只要它發現了目標，就會想方設法攻擊。

如果有什麼力量企圖改變潛意識，會有幾種結果：

一、潛意識也會像電腦上的殺毒軟體，以「系統不相容」的名義直接幹掉與它不一樣的價值觀、行為方式。

比如你是富二代，如果有人告訴你「人生要努力奮鬥」時，你的第一反應可能是：「我爹的錢多得很，我奮鬥與否有什麼意義？」

二、如果外來的力量非常強大，可以使潛意識暫時處於下風。但它不急，它開始時會接受被改變的命運。但而後，它會用時間一點點消磨你，讓你的努力都白費。

比如，你是一個不愛學習的人。一天，你去聽了一場極有感染力的成功學講座。你聽得熱血沸騰，打算「痛改前非，重新做人」。

在回家的路上，你興奮不已，想用最快的速度到家，立即開始學習，決定從今往後，每天晚上都學到零點，早上四點起床看書。

到了第二天早上，你睜眼後的第一個想法雖然是起床看書，但隨即便發現自己還有點睏。而後，你跟另一個自己展開了鬥爭。一個自己說「我要從今天做起，立刻起床，絕不拖延」，另一個自己說「晚起床十分鐘，然後再多學十分鐘」……

這只是第一天的狀態。在第二天、第三天的早上，這樣的鬥爭便不那麼激烈了。到了第八天早上，你完全不鬥爭了。

三、外來的力量可以一時佔據主導，但而後，潛意識不會放過任何一個細小的機會。比如，你想變得勤奮，它會隨時隨地見縫插針：「今天天氣不好，所以心情不好，等心情好了再學，效率更高。」、「現在還沒吃飯，吃飽了才有力氣學。」、「現在有點睏，先睡一會兒再學。」「有朋友找我，不去面子上過不去，回來再學吧。」……

四、如果你強行安裝某個軟體，潛意識會以「記憶體不足」等名義，先讓新軟體的部分功能失效，直到你發現軟體確實不好用時，你再主動刪除這個軟體。

比如，你測試過自己的智商，是九十五分，低於平均水準的一百一十分。你隨之產生了一個自我暗示：我比一般人要笨一點點。此後，某天你找到了一個榜樣，想照著他的高度前進。但有一個聲音告訴你：

「他的智商是一百八十分，你才九十五分，跟他比，你配嗎？」幾天之後，你越來越覺得自己沒法和他比，便把他扔到一邊去了。

可以將潛意識視為另一個你自己。人一生中最重要的陪伴者不是父母、妻子、子女、朋友，而是另一個自己。如果你不喜歡它，人生會很痛苦。因為它不是「別人」，它和你合為一體。你不能不理它，更不能拿刀把它切掉。

潛意識如此強大，是否無法改變呢？也不是。

通常，潛意識會主動攻擊直接的敵人，而對間接的敵人的警惕性很低。所以，對付它時就不能太直接、太有激情，此時不能學成功學。你可以像木馬程式一樣，躲過防毒軟體的掃描，潛伏在電腦中，慢慢製造影響力。

比如你交了一個優秀而勤奮的朋友，兩個人天天黏在一起。他並沒有直接告訴你該幹什麼，但他的一言一行無時無刻不在影響著你，只不過你不知道。

此外，還有一個辦法：主動進入有嚴格紀律的環境中，比如拜到嚴師名下，嚴師出高徒。通過外界的「不可抗力」強烈地「摧殘身心」，假以時日，收效可觀。

如果以上方法不行，還有一個絕招：樹立理想。

當你樹立了遠大的理想，用靈魂望著八億公里之外的一個目標時，很多東西（包括潛意識）也會讓步。但這個方法很不好用，

因為這個目標容易被八公里之內的現實生活磨碎。此時，可以用成功學的方法，每次吃飯前對著鏡子喊：「我為中華之崛起而讀書！」

時間是檢驗價值的根本標準

經歷過大浪淘沙，最終還沒死掉的東西是價值量最大的。

大家都知道，「實踐是檢驗真理的唯一標準」，本文討論一下「時間是檢驗價值的根本標準」。

某公司裡空降了一位新主管，據說是個能人。但他來了之後，始終無所作為，每天到了公司便躲進辦公室裡，一點也沒有「新官上任三把火」的魄力。

大家在背後議論：「總經理是不是看走眼了，選了這麼個人來？」慢慢地，有些員工開始猖獗起來：工作上能糊弄的就糊弄，能偷懶的就偷懶，能佔便宜的就佔便宜……

四個月過去了，新主管突然下達命令，開除了一些人，並提拔了一些人。他下手之快、斷事之準，與前四個月簡直判若兩人。

年終聚餐時，他說：「大家可能不太理解我的反差，我先給大家講一個故事吧。某人買了棟別墅，搬家前，他全面整頓了院子，清除了所有的雜草雜樹，改種了新買的植物。一天，原房主回訪，進門後大吃一驚：那些名貴的牡丹哪去了？此時他才發現，他居然把牡丹當草給割了。兩年後，他又買了一棟別墅，雖然院子更是雜亂，他卻按兵不動。冬天過去了，春天來了，原本看起來是雜草的植物開了花，半年內始終沒有動靜的小樹居然長出了漂亮的紅葉。

秋天到了，他最終認清了哪些是真正的雜草，並毫不猶豫地將它們鏟掉了。」

而後，新主管說：「價值高的東西，要經過長期的觀察才能辨別出來。」

這個故事與《論語》中的「歲寒，然後知松柏之後凋也」相通。「歲寒」就是每年最冷的時候，「凋」指樹木落葉。我在百度上輸入這句話後，打開了十幾個網頁，將人們對此話的解釋整理於下：

松柏傲寒而屹立、經冬不凋，如同在逆境中保持氣節、在困苦中不屈不撓的人；在經受困苦時仍不改本色，唯有這樣才能表現出堅強的意志；具備不畏嚴寒的意志，才能獲得成功；有堅韌的力量，耐得住困苦，受得了折磨，才不會改變初心；在艱苦的環境中，才知道誰才是真正的君子；在污濁的社會中，才知道誰才是真正的君子；相似的句子有很多，如「疾風知勁草，板蕩識忠臣」，「出淤泥而不染，濯清漣而不妖」，「大雪壓青松，青松挺且直，欲知松高潔，待到雪化時」，「路遙知馬力，日久見人心」……

你從上文中得到多少收穫呢？百度雖然什麼都能回答，但不能看完就拉倒。不要因為網路發達而失去獨立的思考。

對於這句話，可以從三個角度來解讀：

一、在逆境中堅守節操，這樣的人是高尚的。

二、只有在非常規條件下（如最冷時），才能發現特別的東西（如松柏）的特別之處。而在平時，因為沒有充足的條件，這個屬性是顯露不出來的，就算你眼神再好也沒用。所以，不要盲目相信眼睛看到的東西，眼睛所見的不一定是真的。火候不到時，最好保持「不動」的狀態，也就是「不評價、不總結、不下結論」。

三、高級的價值，要經歷時間的檢驗才能被發現，或被證明。而這個時間一般都是比較長的，這需要耐心等待。經歷了足夠的時間，當最終揭曉謎底時，你會突然發現自己得到了巨大的收穫。這讓你感到震驚。

第三個道理也可以用在看書上。正在看本書的你，是否想過「書的價值」呢？看書，有無限的選擇。看剛出版的書，可以與時俱進；看一百年前寫成的書，可以瞭解歷史，但它們可能與我們有隔閡；看兩千年前寫成的書，是什麼情況呢？你發現沒有，一百年前的書與我們有隔閡，而兩千年前的卻可能沒隔閡。為什麼？這涉及一個概念：永恆性。

據新聞出版總署《新聞出版產業分析報告》統計資料，中國歷年出版的新書如下：

二〇一〇年：18.9萬種

二〇一一年：20.8萬種

二〇一二年：24.2萬種

二〇一三年：25.6萬種

如何衡量這些書的價值？似乎沒有固定的標準。因為大家的興趣不同，你覺得好的不等於別人也覺得好。但有一個事是可以衡量的，那就是書的生命週期。現在，大多數書可以活 三年，差一點的書一年後就基本不賣了，好一點的會賣五年，特別好的會賣更久。對於一本書，就算你不喜歡它，但它賣了五年還在賣，此事已經證明了它的某種價值。

書的價值可以衡量，那麼價值的大小能衡量嗎？

乍一看，似乎是沒法衡量的。這不像買菜，八元一斤的土豆會比兩 元一斤的好吃。書不是這樣，不能說六十元的書比三十元的好，也不能說這本書的價值是八十八，那本書是六十八。書的價值無法量化，但我們可以換一個思路，用書存活的時間來衡量價值。

很多人認為，古人是落後的，古人的書已經不適合我們這個時代了。但你想沒想過：一本書能被留存幾百年，甚至幾千年，原因何在？

現在，每年出版的二十多萬種新書中，有多少能留到幾百年後？

所以說，經歷過大浪淘沙，最終還沒死掉的東西是價值量最大的。而其中的價值，表現在「永恆性」上。

什麼叫永恆性？簡單來說，就是「放之四海而皆準，行之萬世而不悖」，有這種性質的東西不會因為環境、條件的改變而被拋棄。

它們被保存在古人的經典著作中，甚至在被我們視為「古人幻想出來的故事」的神話中。

最重要的東西常被我們忽略了

這個世界上，明白道理的人多，能落實的人少。真正能落實的人，基本上都會成為某個領域中的佼佼者。

在中國幾千年的歷史中，有「永恆性」價值的書很多，比如《論語》、《老子》等。《老子》只有五千多字，但由於太深刻，讀起來很費腦細胞。下面只解讀此書中的一段話：

上士聞道，勤而行之；中士聞道，若存若亡；下士聞道，大笑之，不笑不足以為道。故建言有之：明道若昧，進道若退，夷道若　。上德若穀；大白若辱；廣德若不足；建德若偷；質真若渝。大方無隅；大器晚成；大音希聲；大象無形；道隱無名。夫唯道，善貸且成。

這段話可以分為四個步驟來解釋：

第一步是解釋前半部分：

「上士聞道，勤而行之；中士聞道，若存若亡；下士聞道，大笑之，不笑不足以為道。」

第二步是解釋後半部分：

「明道若昧，進道若退，夷道若 。上德若穀；大白若辱；廣德若不足；建德若偷；質真若渝。大方無隅；大器晚成；大音希聲；大象無形；道隱無名。」

第三步是解釋這兩部分的銜接環節：

「故建言有之」。

第四步是解釋最後一句話要闡釋的道理，即：

「夫唯道，善貸且成。」

下面按照這個步驟展開：

前半部分中，「上士聞道，勤而行之」的意思是：上等人聽到高深的道理後，會深信，沒有一點疑惑，然後將它落實到自己的行動中，而不是只做為一種思想，停留在腦子裡。

「中士聞道，若存若忘」的意思是：中等人聽到高深的道理後，有兩種情況，一種是一會兒將它放在心上，一會兒忘得無影無蹤；另一種是對它的相信和懷疑各佔一半，有點犯迷糊。

「下士聞道，大笑之，不笑不足以為道」的意思是：下等人聽到高深的道理後，會認為這是荒誕不經的，並鄙視、譏笑、完全否定它。如果下等人不這樣，就不能說明這個道理是高深的。

可能很多人反感把人分為「上中下」的說法，認為這是「封建等級制度」，違背「人人平等」的觀念。要探討一個概念，先要說清楚它在哪個地方發揮作用。世界上有很多東西，如天賦、努力、機遇……這些是不會平等的。

因此，便產生了無所不在的「金字塔」的結構：公司中，位置越高的人，數量越少；社會中，擁有財富越多的人，數量越少；武林中，武功越高的人，數量越少……那麼，如果你已經成為某一種類型的金字塔頂端的人，面對下面的人時，該怎麼做呢？

這就涉及後半部分的內容。

後半部分的意思是：光明的道好似暗昧，前進的道好似後退，平坦的道好似崎嶇，崇高的德好似峽谷，廣大的德好像不足，剛健的德好似怠惰，質樸而純真好像混濁未開。最潔白的東西，反而含有污垢；最方正的東西，反而沒有稜角；最大的聲響，反而聽來無聲無息；最大的形象，反而沒有形狀。「道」是幽隱而沒有名稱的。只有「道」才能使萬物善始善終。

在讀這段文字時，人們往往把注意力集中在前後兩部分內容上，而忽略掉一個細節——連接這兩部分的話「故建言有之」。因此，人們在引用這段話時，常常是只引用前半段：

「上士聞道，勤而行之；中士聞道，若存若亡；下士聞道，大笑之，不笑不足以為道。」

或只引用後半段：

「明道若昧，進道若退，夷道若。上德若穀；大白若辱；廣德若不足；建德若偷；質真若渝。大方無隅；大器晚成；大音希聲；大象無形；道隱無名。夫唯道，善貸且成。」

而把中間的那幾個字「故建言有之」扔掉了。

然而，這段話中最重要的內容恰恰是這一句。它的字面意思是「所以立言的人這樣說」，引申意思是「所以應該這麼做」。

為什麼說它最重要？理解一個道理重要，還是將這個道理落實到行動中重要？當然是落實更重要。所以陶行知叫「行知」，而不是「知行」。

這個世界上，明白道理的人多（誇誇其談者的數量極其龐大），能落實的人少（真抓實幹的人相對較少）。真正能落實的人，基本上都會成為某個領域中的佼佼者。而「故建言有之」正是在告訴人們去做、去落實，所以這一句是最重要的話（沒有之一）。

後半部分其實有點囉唆，因為第一句「明道若昧」可以將後面的內容都概括進去。

只不過作者為了讓讀者理解得更透徹，而轉換多個角度，從不同的側面反覆描述，真是諄諄教導、循序善誘、不嫌麻煩。

「明道若昧」的含義基本等同於「顛倒黑白」。比如，某人發現一個上層的東西是白色的，為了不招來眾人的牴觸（「下士聞道，大笑之」），便將這個東西塗上黑色的外殼（「明道若昧」）。這樣，眾人便不牴觸了。沒人牴觸、反對、攻擊、迫害，這個東西就可以長久保存下去（「善貸且成」）。「善貸且成」就是善始善終。

本文可以說明這樣一個道理：「最重要的東西，常被視為最不重要。」回顧上文，你會發現，最重要的那句話「故建言有之」被夾在原文的「縫隙」中。看那段文字時，我們的眼睛會自動將它忽略掉。

因為它的前後文太耀眼了，在強光的反襯下，我們對它視而不見。明白了這個道理，接下來該怎麼做？要謙虛，因為最重要的東西常被我們忽略了。

溫故可以知新，因為最重要的東西常被我們忽略了。

不要輕易下定論，因為最重要的東西常被我們忽略了。

學著有自己的思考方式

現在我們能夠做的，是找一個靜靜的地方，讓自己靜靜地思考，明白該如何做，同樣的錯誤才不會再次發生。

在手機時代，大家忙著刷微信、刷微博、刷QQ、刷豆瓣……看書看起來已經太不時尚了。拿起手機，漫天的信息撲面而來；而一本書只有三四百頁，太不「大氣」，而且還得花錢。

但是，當你面對海量的資訊時，是否發現自己主動思考的能力降低了呢？進一步講，是否不排除一種可能：未來的某一天，你突然發現自己失去了獨立思考的能力？如果人失去了獨立的思考力，會如何？

一頭驢走在大街上，有點餓。牠看到一個飯館，進去後點了一盤菜。菜上來了，牠正要吃，旁邊的一頭驢說：「這家的菜特別辣，我上次吃了之後，起了一臉的痘。」

這頭驢一聽，便放下了碗筷。牠走了出來，進了另一家飯館。菜上來了，牠正要吃，旁邊又有一頭驢說：「這家的菜特別酸，我上次吃了之後，胃泛了半個月的酸水。」這頭驢一聽，便放下了碗筷，又換了一家飯館……

最開始時，這頭驢是不太餓的，但隨著時間的推移，牠越來越餓。很奇怪的是，每一家飯館中都有很多驢，而且牠每換一次，下一家飯館中都會有更多的驢告訴「這家的菜……」，所以，儘管牠越來越餓，但看著這些提意見的驢，牠失去了自我。一天過去了，兩天過去了，四天過去了……最後這頭驢餓死了。

你可能會說：「這頭驢太沒主見了，我當然不會這樣。」這是個極端性的故事，我們當然不會極端到如此的程度。但與此類似的是，當環境中的信息量太大時（有很多驢在提意見），你的獨立思考能力會下降（即使很餓，也想換一家飯館）。同時，你對一件事情的認識也會停留在表面，深入不下去（只是看到端上來的菜，但沒吃到肚子裡）。

比如，你刷微信時看到了一篇好文章，但你太忙了，同時還在看微博上的一篇帖子。而且女朋友時不時在QQ上發來一條資訊，你得立刻回復。所以，儘管你知道微信上的這篇文章很好，有必要仔細閱讀，甚至反覆閱讀，但是無奈，環境不允許啊。最後，你只是簡單瀏覽了一下，便稀裡糊塗地把這篇文章關掉了。

反過來的情況是：吃完眼前這盤菜之前，不看其他的菜。就像《論語》中的「子路有聞，未之能行，唯恐有聞」。這句話有兩層含義：

字面含義：子路（孔子的弟子）聽到一個道理後，在將它落實到行動中之前，會怕又聽到新道理。

引申含義：子路聽到一個道理後，在將這個道理理解透徹之前，會怕又聽到新道理。

讓大家感到奇怪的可能是「唯恐」這兩個字。子路在怕什麼呢？莫名其妙嘛！聽到新道理有什麼不好，這有什麼可怕的！其實，這正是子路比很多人優秀的地方。如同這個故事：

一個人口渴，想挖井。井水位於十米深的地下。他挖到六米時，由於種種原因（理論上有無數種）而放棄，然後換了一個地方重新挖。這一次，他挖到七米時，又由於某個原因而放棄，然後換了一個地方重新挖……最後他渴死了。

表面上看，這個人一直在努力挖，但他挖的這些六米、七米其實都等於零米。他所有的努力，全是無用功。這和他在地上傻坐著、什麼也不做是一樣的，甚至還不如傻坐著，因為挖地很累。所以說，子路「恐」的東西有兩個：一個是白忙活一場，一個是最後渴死。但看完下文後，你會發現還有第三個東西。

上網查一下，你會發現人們對「子路有聞，未之能行，唯恐有聞」這句話，有很多種解釋。比如有人說：「有聞」的意思是「有名氣」，這個聞就是「聞達於諸侯」的聞。所以「唯恐有聞」的意思是「怕自己有名氣」。全句的意思是「子路很有名氣，他怕這些名氣是自己做不到的（名不副實）」。「如果子路認真做事，有了實實在在的成就，名氣會被別人扣到他身上。」還有的人說，「子路聽到一件事後沒去做，因為他害怕這件事」。所以，子路是個沒有勇氣、膽小懦弱的人。在這裡，前一個「有聞」和後一個「有聞」被視為同一個詞（實際上，後一個「有聞」等同於「又聞」）。

上面這兩種解釋是錯的。但如果對於資訊囫圇吞棗，沒有獨立的思考力，就很容易認為它們是對的。而後，你便站在了真相的反面。抱著謬論，自認為是真理，然後反駁持有真理的人。此時，對方無法告訴你你是錯的，因為你正在琢磨如何告訴對方他是錯的。

所以，子路「恐」的第三個東西是：如果沒有獨立的思考力，沒有透徹瞭解一個事物，便很容易混淆是非，顛倒黑白，以醜為美，以惡為善。如同《紅樓夢》中說的「假作真時真亦假，無為有處有還無」。

不要讓世界變得與自己無關

我們習慣了低頭忙碌地過自己的生活，從不抬頭仰望一下頭頂上那片最美的天空。這個世界與我們有關，未來的世界也與我們息息相關。

十年前，大型網路遊戲使無數中國人（尤其是青少年）沉迷其中。最近幾年好了一些，不過很快又興起了手機遊戲。兩者有差別，但性質類似，它們都能讓我們失去人情味。

人情味與人的態度有關。先來看看一個故事。

一天夜裡，一對老夫妻走進一家旅館，要一個房間。前臺的姑娘說：「已經客滿了。」但她看著老人疲憊的樣子，產生了一種同情心，又說：「讓我想想辦法……」

而後，這個故事的發展有兩個版本：

一、理性的故事：姑娘查了一下資料，發現一號房間和八號房間住的都是單身男性，姑娘向他們說明了情況，請他們暫時住在一起。

最後一號房空了，兩個老人順利地住了進去。

二、情感的故事：姑娘將老人領到一個房間，讓他們住下來。第二天結帳時，她說：「不用結了，我只不過是把自己的屋子借給你們！」而她自己一晚沒睡，在前臺值了一個通宵的班。

這兩個版本的故事都從一個富有同情心的想法「讓我想想辦法」開始。進入理性的領域，需要嚴密的邏輯、合理的推論、精確的求證；來到情感的天地，只需要美好的人性。但不論是理性還是情感，結局都一樣——創造奇蹟。

如果說「理性和情感會製造出不同的方法」，而「同情心是最初的態度」，那麼是方法更重要，還是態度更重要呢？

從上面的故事中可以發現：態度更重要。有態度，便可以在它的基礎上創造出方法，就如同說「沒有條件，創造條件也要上」。

此時，是運用理性，還是運用情感，不重要。但如果沒有態度，就如同上文中沒有最初的同情心，沒有「讓我想想辦法」可能會產生這樣的結果：

前臺的姑娘說：「已經客滿了，你們到別的旅館住吧。」

老人說：「這荒山野嶺的，我們上哪去找別的旅館？」姑娘說：「那你說怎麼辦，我們這確實已經客滿了。」老人說：「隨便找一個沙發就可以，只要讓我們委身一晚……」

姑娘不耐煩了：「誰知道你們是不是來偷東西的，我又不能一晚上看著你們。如果明天早上發現你們不見了，旅館裡又丟了東西，老闆會懲罰我。所以，還是請便吧。」最後，兩個老人露宿街頭。

關於「態度」的知識，如果匯總到一個框架下，就叫倫理學。關於「方法」的知識，如果匯總到一個框架下，就叫科學。如果說科學是一把鋒利的斧子，那麼倫理學就是握住斧子柄的手。斧子可以用來劈柴，也可以用來殺人，所以我認為，倫理學比科學更重要。

但在我們這個時代中，大家都為科學歡呼，因為它太偉大了，是它帶給了我們豐富的生活。但卻少有人為倫理學歡呼，因為那東西太沒味道。提到「倫理」一詞的時候，很多人都會反感，就如同反感媽媽一樣：「別嘮叨了好不好，我知道你要說什麼。不就是善良、公正、愛他人、不嫉妒、不自私……這些東西，你不說我也知道。」

「倫理」一詞包含的重要資訊是「人情味」，但科學是「反人情味」的。比如科學的一個創造物——手機，它的誕生就讓世界變得更沒有人情味：我們的朋友似乎從身邊消失了，我們和戀人、配偶的距離拉開了，我們對父母的關心減少了，別人對我們來說越來越無所謂了……

手機讓我們成為了「低頭一族」，只要低頭玩弄手機，整個世界便都與自己無關了。有一篇〈美好生活，低頭即逝〉的文章，副標題是「無人倖免，全部躺槍」，配了很多圖。下面將原文引用於下，括弧內的文字是對圖片的描述。

每天晚上你是這樣度過的。（一個人抱著電腦說：「天都快亮了，我要關掉電腦去睡覺。」結果，一個小時後，他躺在床上玩手機。）

你需要手機給予你認同感。（一個人拿著手機自拍，並問：手機、手機，誰是世界上最美的女人。」）

某種程度上，手機把你變成了盲人。（馬路上的所有人都在一邊看著手機，一邊過街。）

某種程度上，也變成了聾子。（兩個戀人在一起，女孩聽著樹上的鳥唱歌，男孩卻看著手機，聽著手機裡的鳥叫。）

手機已經導致你的拍照水準驟降。（過去，我們拿著相機拍更廣闊的場景，現在只拿手機拍自己身體的某個部位。）

偶爾你想放下手機，發現沒人回應。（一個人想踢球，卻孤零零地站在球場上，因為球友們都在玩手機。）

人和手機的關係基本是這樣的。（我們認為，手機是「給我收資訊、給我導航、給我提供新聞）的東西。但實際上，手機是「你來給我充電、你來給我找有WIFI的地方、快來看消息、快來接電話……」的東西。）

因為手機，有些事改變了很多。（二十一世紀的事故現場：一群人拿著手機，拍攝掉進河裡，在喊救命的人，卻無人去救人。）

這是一種典型的場景。（一對戀人在飯店吃飯，男孩低頭玩著手機，女孩說：「要不，把你的手機綁在我頭上，這樣你至少可以看著我。」）

最終可能出現這樣的情況。（死神已經拉住一個人，此人說的最後一句話是：「等等，我死之前，要先發一下朋友圈。」）

還有這樣的情況。（在天堂裡，新來的兩個人在低頭撥動自己的拇指。而先來的人則說：「新來的人好像根本不會交談，整天就擺出這個姿勢。」——按手機的姿勢。）

現在，沉迷於網路遊戲的人可能比以前少了，但沉迷於手機的人卻越來越多了，即使他們沒玩手機遊戲。「沉迷」一詞基本等同於「上癮」，「上癮」一詞基本等同於「吸毒」。大家不認為玩手機類似於吸毒，是因為沒有換一個角度看這個問題。

悲傷中隱藏著愉快的種子

現在的愉快中隱藏著未來的悲傷的種子，現在的悲傷中隱藏著未來的愉快的種子。

任何一個有轟動性的東西，都可能是正邪並存的。這種「正邪並存」的狀態又被人們稱為「佛魔共存」和「佛魔一體」。佛與魔都指具有強大力量的生命，他們代表正與邪的兩面，而且這兩面可以互相轉化。可以將「佛魔一體」理解為「建設與毀滅的力量是一體的」，或「正義與邪惡的力量是一體的」，或「自我主宰與沉迷墮落的力量是一體的」，或「真理與謬論是一體的」……

你認為「佛」與「魔」的距離很遙遠嗎？一點都不遠。要說明「佛魔一體」，先要說明兩者不僅距離不遠，而且在一轉念間便可以互相轉化。比如在史玉柱的經歷中，就有很多佛與魔互相轉化的故事，這些故事從不同的角度詮釋了「佛魔共存」和「佛魔一體」。

下面的故事按時間先後順序展開：

故事一：在一九九四年初的開工典禮中，史玉柱宣佈：巨人大廈將建出中國最高的七十八層樓，預計投資十二億元。一九九五年，史玉柱被列為《富比士》中國大陸富豪榜第八位。但而後，他的事業在一瞬間轟然倒塌，留下一棟爛尾的巨人大廈，外加2.5億元的負債，他成了「中國首負」。如果說「佛」是超越常人的建設力，「魔」是超越常人的毀滅力，史玉柱則在一瞬間上演了從佛到魔的轉化。而這個轉化，只源於他的一個看似微不足道的念頭——不向銀行借款，只靠自己的經濟力量建設巨人大廈。此時，你還認為「佛」與「魔」的距離很遙遠嗎？

故事二：一九九八年，史玉柱找朋友借了五十萬元，開始運作腦白金。二〇〇〇年，腦白金創造了十三億元的銷售奇蹟，這讓他還清了全部債務。這樣一個從「巨大的失敗」到「巨大的崛起」的轉變，又一次告訴我們：「佛」與「魔」的距離一點也不遠，兩者的轉換只起源於一點點的啟動資金——五十萬元。

故事三：二〇〇二年末，史玉柱開始玩陳天橋的盛大公司的網路遊戲《傳奇》，並很快上了癮。那時，他每天要花四五個小時泡在《傳奇》裡。表面上看起來，他沉迷於遊戲中，但在一瞬間，他意識到：「這裡流淌著牛奶和蜂蜜！」並認為「我也可以製造網路遊戲」。

隨後，他真的創造了一個新奇蹟：《征途》網路遊戲。

二〇〇四年十一月，征途網路公司成立；二〇〇六年十一月，盈利八百五十萬美元；二〇〇七年十一月，征途公司登陸紐約證券交易所，市值達到四十二億美元，成為在美國發行規模最大的中國民營企業。對於常人來說，沉迷於遊戲中無法自拔就是「魔」，但史玉柱卻可以在一念間將這個魔轉化為佛——「這裡流淌著牛奶和蜂蜜」。

故事四：做為商人，史玉柱是成功的，但是《征途》觸及了道德底線，創造了商業奇蹟的它並未贏得社會的尊重。二〇〇六年，中國青少年網路協會把《征途》定為危險遊戲，建議其暫停運營。網路遊戲不是單純的娛樂，而是一種生活方式：幾千萬遊戲玩家在遊戲裡生活，構成了一個個真實的精神社會。

史玉柱利用人性的弱點，設計精神世界的遊戲規則，用物質引誘、製造仇恨、資源剝奪、通貨膨脹等方式，傳播金錢至上、強權至上、不擇手段的觀念。這些觀念並不是只存在於遊戲中，史玉柱本人就是它的身體力行者。

比如，二〇〇四年他想做網遊，但他對此完全不懂，便請盛大公司的董事長陳天橋介紹經驗。陳天橋把自己的一個精英團隊介紹給史玉柱，讓他們交流想法。結果，這個團隊被史玉柱以高薪整體挖走，成為《征途》的骨幹，陳天橋從此與史玉柱翻臉。此時你又發現，如果說佛是正義的力量，魔是邪惡的力量，那麼史玉柱是佛還是魔呢？他創造了巨大的物質財富，自己也成為眾人崇拜的偶像，此時 的他應該被稱為

「佛」；但他的創造物《征途》卻讓眾多的青少年沉迷其中，造成了巨大的社會破壞力，此時的他應該被稱為「魔」。

那麼，他到底是佛還是魔呢？在這裡，「佛」與「魔」的距離便不是只在一念間，而是根本就無法分割，這就是上面說的「佛魔一體」。

故事五：二〇一三年，史玉柱辭去巨人網路的CEO職務。「我終於徹底退休了，把舞臺讓給年輕人。江湖好漢們，忘掉史玉柱這廝吧。」「在退休生活中，我要做自己感興趣的事，那就是玩和做公益，而且要把兩者結合起來。一個低俗，一個偉大，結合起來很有趣。我的新浪微博粉絲快七百萬了，馬上要兌現捐贈七百萬元的承諾。一邊玩一邊做公益，這就是我的生活。」史玉柱的《征途》給社會帶來了巨大的破壞力，但他將所得的錢用於公益，這又具有巨大的建設力。此時，他的魔的一面又轉化為佛的一面。

一個有巨大建設力的東西，同時可能有巨大的毀滅力。比如秦始皇，他的萬里長城成為後世中國人的驕傲，但在當年耗費了多大的人力，使多少民工喪命於其中？「一將功成萬骨枯」，任何一個打了勝仗的帝王，都是將自己的功績建立在眾多士兵的屍體上……這些都反映了「佛魔一體」的道理。

通過上文的分析，我們可以發現，「佛魔共存」和「佛魔一體」可以從兩個角度來解釋：一、佛（正）可以在一念間轉變成為魔（邪），魔（邪）可以在一念間轉變成為佛（正）。二、佛和魔是一體的，不可分割。就如同一個人，你從正面看他，看到的是前胸，從後面看他，看到的是後背。但不論是前胸還是後背，都是他的，關鍵只在於你從哪個角度去看他。佛教說「有佛必有魔來擾，有魔必有佛出世。佛魔共存，方成世界」，《莊子》說「大盜不死，聖人不止」，反映的都是這個道理。

「佛魔一體」並非超凡脫俗的大道理，而是與每個人都息息相關。我們每天都在承受自己所做事情的結果。這些結果要麼被評價為「善」或「具有建設性」，要麼被評價為「惡」或「具有破壞性」。我們也因此而得到了相應的獎勵，或懲罰；並因為這些獎懲而感到愉快，或悲傷。如果你真正明白佛與魔的轉化關係，這些愉快和悲傷的感受便不那麼明顯了。因為你發現：現在的愉快中隱藏著未來的悲傷的種子，現在的悲傷中隱藏著未來的愉快的種子。如果愉快和悲傷都不那麼強烈了，你便接近了范仲淹說的「不以物喜，不以己悲」的狀態。達到這種狀態的人，可以被稱為「成熟」。

讓絆腳石成為你的墊腳石

一切絆腳石，都是因為被你視為絆腳石，才成為絆腳石的。

如果你把它視為墊腳石，那麼，你完全可以抬起腳來，把絆腳石踩在腳下，讓它成為你的墊腳石。

沒有一個人的成長是毫無波折的，正是因為有了挫折這個「壯骨劑」，我們的人生才有了無數種可能。

每個人的成功與失敗都是自己可以把握的，困難與挫折是我們成長中不可避免、不可缺少的「壯骨劑」。從困難與挫折中走出來的人才會更堅強、勇敢。

智慧是在應對困難與挫折中獲得的，樂觀的人生態度也會由此而生。只要我們勇於面對困難，及時地疏導心理恐懼，就能走出缺陷和挫折，重新向自己的人生目標進發。很多時候，我們之所以那麼不接受，只是因為我們放不下世俗的標準。

紐約州有個盲人州長，叫大衛・派特森，他的故事非常具有啟迪性。

派特森出生在紐約西南的布魯克林，長期生活在紐約的哈勒姆黑人居住區。他是個不幸的孩子，僅三個月大時就因眼部感染，導致左眼完全失明，右眼近乎失明。他的人生記憶是從黑暗開始的。他的父親是個知識分子，看著愛子遭遇如此劫難，心疼之餘，下定決心好好培養他——孩子眼睛已經盲了，絕不能讓他心盲。於是，他要把自己的孩子當作正常孩子來對待。有了父母的疼愛，派特森的童年過得還是很幸福的。

轉眼到了上學的年齡，父親決定讓派特森像正常的孩子一樣上學，只有這樣，才能培養出正常的心智。但是，紐約市幾乎所有的學校，都拒絕接收派特森進入正常班級學習。他的父親也動過妥協的念頭，但一想到孩子從此就會被貼上盲人的標籤，便又下定了送他入學的決心，縱然是傾家蕩產，他也不能放棄派特森。皇天不負有心人。終於在長島的一所學校，出於敬佩這位父親的堅持不懈，勉強答應了接收派特森，不過他只能在正常班級試讀。於是為了派特森上學，他們舉家搬到長島定居。

對派特森來說，上學是一個極大的挑戰。儘管此前他接受了父親的訓練，熟悉家裡的每一個地方，只要是在家裡，派特森便和常人無異。可是在學校畢竟換了新的環境，他一開始確實很難適應。但派特森知道機會難得，且他深知父母為了給他爭取這個機會付出了多大的努力，即使他十分難過，也只會一個人將頭深深地埋進被窩裡哭泣。父親看著他紅腫的眼睛，自然心疼無比，但他還是嚴厲地說：「你必須學會堅強，這才是男子漢，才會讓人瞧得起！」他抹了一把眼淚，和父親拉鉤，並且保證，以後絕不會讓父親失望。

他視力極其微弱，斗大的字都需要仔細分辨才能認清，閱讀異常困難。所以，於他來說，首要的是抓住上課時間，聚精會神地聽老師講課，而在老師停頓的空閒和課間的休息時間，他就反覆地揣摩老師所講的內容。睡夢中，他的腦海響起的是老師的聲音。有時，他半夜裡大呼小叫地把父母吵醒，還在求解老師佈置的思考題。慢慢地，他的記憶力變得好得出奇，幾乎過目不忘。課堂上，他是最積極的一員，贏得了同學們的一片喝彩。學校的一些演講比賽和話劇演出，他都會踴躍參加。

因為全心忙於學習，他的體質越來越差。一次體育課後，他因頭昏摔倒在地，嚇壞了同學。這一切驚醒了他——不能只關注學習了！為此，他每天早早地起床鍛鍊身體，並加入了學校籃球隊，還跑馬拉松。漸漸地，他練出了結實的肌肉，每天的精力都異常充沛。這時，老師和同學們才發現，他是學校最活躍的一個學生，他的優秀令正常人也為之汗顏。

長期以來，他既不使用導盲犬和枴杖，也不戴黑色眼鏡，外表看起來與近視者無異。他在近距離仍可辨認人的相貌，而且能記住別人所說的話，通過聽聲音就能很快辨別出對方。他還常常和一些朋友說起連他們自己都已經忘記的話，令他們驚訝不已。而和朋友們一起外出，他更是朋友們的「記憶器」。派特森引起了美國媒體的廣泛關注，沒錯，以派特森這樣一個盲人，卻能活得比大多數人都優秀。

雖然有不少天生殘疾的人活得都更艱苦，但還是有如張海迪、霍金等了不起的人物，他們都是因為接受了自己的缺點，才活出了精采的人生。

試想，若是一個人在成年後，因為某種事故引發了後天視力殘疾，他的人生，幾乎就被毀了。我們不難預見，在接下來的人生裡，他會用多少時間來埋怨自己的不幸，又會用多少時間來歸罪於人，再花多少時間來可憐自己的後半生，他不接受自己已經失去某些功能的現實，不願意從更低的起點重新活出來。

其實，生活中的大部分痛苦，都是因為過於在意他人怎麼看而產生的。任何一個人，只要願意接受那些不能改變的現實，放下世俗的幸福標準，不去猜想他人會怎麼看待自己，就都可以擁有一份只有自己才能體味的快樂。

一切絆腳石，都是因為被你視為絆腳石，才成為絆腳石的。如果你把它視為墊腳石，那麼，你完全可以抬起腳來，把絆腳石踩在腳下，讓它成為你的墊腳石。

PART 3

從來沒有太晚的開始

「當你覺得已經太晚的時候，才是開始行動的最好時機。」

——馬克・塞雷納《二十五歲的世界》

你的內心深處埋藏著黃金

無論我們現在處於什麼境地，都不要沮喪。不要忘記，你是珍貴的，你的內心深處埋藏著黃金。永遠沒有人能夠搶走偷走，哪怕是你自己。

在一次演講會上，一位著名的演說家手裡高舉著一張二十美元的鈔票。

他問台下的兩百個觀眾：「誰要這二十美元？」一隻隻手舉了起來。演說家說：「我打算把這二十美元送給你們當中的一位，但在此之前，請准許我做一件事。」說完他將鈔票揉成一團，然後問：「還有誰要呢？」仍有人舉起手來。

演說家又問：「那麼，假如我這樣做呢？」他把鈔票扔到地上，又踏上一隻腳碾它。然後他撿起鈔票，那張二十美元的鈔票已經變得又髒又縐。

「現在誰還要？」還是有人舉起手來。

「各位，你們剛才已經上了一堂很有意義的課。無論我如何對待這張鈔票，你們還是想要它，因為它並沒有貶值，它依舊是二十美元。在人生的路上，我們會無數次被自己的決定或遭遇的逆境擊倒，那時我們甚至會覺得自己似乎一文不值。但是朋友們，請記住無論發生什麼，或將要發生什麼，你們永遠不會失去價值。無論你的外表是骯髒或是潔淨，無論處於低谷或高峰，你們都是無價之寶。」

上面這個故事當中人們對「二十美元」的態度，正是世界對人的態度。在這個世界裡，每一個人生來都是有價值的，一個人的價值，不是那種無差別的物質衡量，而是每個人獨特的面孔與思想以及每個人來此世間的所感所愛。而這些，都是無價的。

所以，無論我們現在處於什麼境地，都不要沮喪。不要忘記，你是珍貴的，你的內心深處埋藏著黃金，永遠沒有人能夠搶走偷走，哪怕是你自己。很多時候，生命的價值只是被遮蔽了，只需要你拂去塵灰，它就會重新閃耀光芒。

而在生活當中，一個人的內在價值並不一定必然地顯露出來。客觀上來說，受限於社會的發展階段和世俗的偏見，人們很難認為他人和自己擁有同樣的價值。拿以前來說，在奴隸主的眼裡，奴隸只是會說話的工具；在很長的歷史時期裡，女性的獨立價值也是不被承認的。從主觀上來看，當一個人處於人生的低落期時，甚至連自己都不再相信自己的價值，但是如果自怨自艾，甚至自暴自棄，他人就更加難以看到你的閃光點。

有一個從小在孤兒院長大的男孩問院長：「像我這樣沒人要的孩子，活著究竟有什麼意義呢？」院長總是笑而不答。

有一天，院長交給小男孩一塊石頭，對他說：「明天早上你帶著這塊石頭到市場上去賣，但不能真賣。記住，無論別人出多少錢，你都不能賣。」

男孩疑惑不解，誰會買這樣一塊破石頭呢？但第二天，小男孩還是拿著這塊石頭去了市場，他蹲在市場的角落，鋪開一塊布，擺上了這塊石頭。他吃驚地發現，真有人聚了過來，打聽這是什麼，甚至有人說想買下來，男孩忍住了沒賣。回到孤兒院，男孩興奮地向院長報告，院長笑了笑，要他明天把石頭帶到黃金市場去賣。

第二天，在黃金市場上，有人懷疑這是一塊含金的礦石，要出比昨天高十倍的價錢來買這塊石頭，男孩忍住了沒賣。

回來後，院長叫男孩把石頭拿到寶石市場去賣，在那裡，人們懷疑這是一塊玉石，結果，石頭的身價又漲了十倍。

男孩興奮地捧著石頭回到孤兒院，他問院長為什麼會這樣。院長看著男孩慢慢地說：「生命的價值就像這塊石頭，在不同的環境就有不同的價值。一塊石頭本不起眼，但如果你珍惜它，就會有不同的意義，而且，由於你的惜售，無形中提升了它的價值。你要像這塊石頭一樣，只要自己看重自己，自己珍惜自己，你的生命就有了價值。」

每個人的生命都擁有無限的價值。而人的一生中得以顯現的價值只是很少的一部分。為了給這世界帶來更多的東西，給他人呈現更多的希望，我們在認識到自我價值的同時，要努力地選擇和創造更能展現自我價值的環境，就像同一塊石頭在不同的市場裡，可以獲得不同的價值一樣。

人的生命如此短暫，閃耀的時刻那麼少，為了過完有價值的一生，只能拚盡全力，只爭朝夕。

做事是你的必修課

成功者所從事的工作，是絕大多數的人不願意去做的，許多時候，他們成功，只是因為他們做了其他人不以為然或者不願意去做的事情而已。

每個人都希望做自己喜歡的事情。小時候喜歡遊樂場，大學時喜歡自己感興趣的專業，畢業了也想找一份自己熱愛的工作。這當然是一種理想的生活狀態。

一位神父去主持一位病人臨終的懺悔，他聽到那位病人是這樣懺悔的：「上帝，我一生喜歡唱歌，音樂是我的生命，我的願望是走遍全國去唱歌。做為一名黑人，我實現了我的願望，我這一生無憾。現在我只想對上帝說，感謝您，您讓我度過了快樂的一生，並讓我用歌聲養活了我的六個孩子。現在我的生命就要結束了，我會帶著平靜和滿足死去。仁慈的神父，我只想請您轉告我的孩子們，讓他們做自己喜歡的事吧，他們的父親會在天上為他們驕傲的。」

這個病人臨終時的話讓神父感到非常吃驚。因為這名流浪歌手的所有家當，就是一把吉他。他每流浪到一處，就把頭上的帽子放在地上，開始唱歌。幾十年來，他用自己蒼涼的西部歌曲，感染了無數的聽眾，也養活了自己的家庭。

神父想起五年前曾主持過的另一次臨終懺悔。那是一位富翁，他的懺悔竟然和這位流浪漢如出一轍。他說：「我從小就喜歡賽車，我研究它們，改進它們，經營它們，一輩子都沒離開過賽車。這種生活充分滿足了個人愛好，還讓我從中賺了不少錢。我很滿意我的一生，我別無遺憾。」

神父陷入沉思：「人怎樣才能別無遺憾地度過自己的一生呢？看來能夠做到兩條就夠了：第一條，做自己喜歡的事；第二條，想辦法從喜歡的事情裡賺到錢。」

雖然如此，一生都做一件喜愛的事情並且能以此養活自己，幾乎是可遇不可求的。對於那些自己喜歡做的事情，我們常常會充滿激情地把它做好，但對於那些自己不喜歡做的事情，我們往往不太在乎。其實，很多時候，我們所喜歡的那些事情，往往並不如我們想像的那般美好。就像那位流浪歌手，肯定也會遇到各種各樣的艱辛。風霜雨雪，嚴寒烈日，村莊的野狗，漠視的路人，這些艱難的滋味，他都要一一品嘗。

就算你選擇了自己喜愛的工作，但並不代表工作中每件任務都是你喜歡的。也就是說，即使在我們感興趣的工作範圍中，也可能會發生一些自己不願意做的事情。當面臨這些事情的時候，你會怎麼做呢？是選擇充滿熱情地完成它，還是敷衍了事？

通常，人們在遇到麻煩的事情時，會有厭煩感，容易帶著情緒去處理問題。心裡一煩，手上就亂，就會失去做事的必要節奏。所以保持必要的形式感就很重要，因為形式感帶來的有序感（或條理感）會讓人的情緒變得安定，定方能生慧，才能平靜地處理問題、解決問題。心裡一靜，節奏就回來了。有節奏地做事，效率才會高。

其實，人的一生中會有多個岔道口，在每個岔道口處，可能都要進行多次選擇。也許這些選擇包含了很多勉強的因素，但是我們還是要堅定地走下去。因為，只有當你踏實前行，才不至於因為迷茫而原地踏步，只有前行，才有可能找到未來的出口。

有一個女孩是電腦專業的研究生，畢業後進了一家軟體公司工作。工作沒多久，她就憑藉深厚的專業基礎和出色的創新能力，為公司開發出了新型財務管理軟體，得到了單位領導的肯定和同事的稱讚，被提升為開發部經理。她不但精通技術，在主管的位置上倒也順風順水，開發部在她的領導下取得了不凡的業績。公司老總非常看重她，就把她提升到總經理辦公室，負責全公司的管理工作。

接到新的任命通知後，她並不高興，因為她深知自己的特長是業務而不是管理，如果去做純粹的管理工作，不但會讓自己的特長無法發揮，還會荒廢自己的專業技能，尤其重要的是，她並不喜歡做管理。可是，礙於種種因素，她還是接受了這份對於她來說不願去做的工作。

果然，接下來的一個月，她在新的崗位上雖然做了很大的努力，但結果卻令人失望，上司也開始對她施加壓力。現在，她感到心情壓抑，越來越討厭這個職位。

做好分內的事，是每個人的必修課，也是成功人士的秘訣。儘管在工作中，不可能每件事都讓你感到滿意和快樂。

美國著名心理學博士愛爾森選取了世界一百名成功人士做了一項問卷調查，調查結果使他十分驚訝——61％的成功人士承認，讓他們成功的職業並非是他們內心最喜歡做的，至少不是心目中最理想的。

珍妮出身音樂世家，她非常喜歡音樂，卻陰差陽錯地考進了大學的工商管理系。儘管不喜歡這一專業，但她學得很認真，每學期各科成績都是優秀。畢業時，她被保送到麻省理工學院攻讀MBA課程，後來她又拿到了經濟管理專業的博士學位。

如今已是美國證券業知名人物的珍妮依然心存遺憾：「老實說，現在我仍然不很喜歡自己所從事的工作。如果能夠重新選擇，我會毫不猶豫地選擇音樂，但我知道那只是一個美好的『如果』，我現在只能把手頭的工作做好。」

愛爾森博士問她：「妳不喜歡妳的專業，為何學得那麼好呀？不喜歡眼下的工作，為何又能做得那麼優秀呢？」

「這是我應盡的職責，所以我必須認真對待。不管喜歡不喜歡，我都沒有理由草草應付。這是對工作負責，也是對自己負責。」

珍妮的話很耐人尋味——「這是我應盡的職責」，表明了她對自己所從事的工作的尊重，傳達了她不甘平庸的理念。正是這種「在其位，謀其政，成其事」的敬業精神，讓她取得了令人矚目的成就。

很多人常常無法改變自己在工作和生活中的位置，但完全可以改變其對所處位置的態度和方式，自然也會因此找到許多的樂趣，因此擁有一份驕傲的人生。

一名生物專業的學生到微軟公司應聘，領導問她：「妳不是學電腦專業的，為什麼要到微軟來工作呢？」這名學生回答說：「當年入學時，我被迫選了自己不喜歡的生物專業，現在畢業了，我仍然不喜歡這個專業。」領導聽了有點反感，覺得這名學生不是自己公司所需要的。但是，這名大學生接著說出的話打動了他。她說：「我不喜歡這個專業，但不代表我不去認真學習，大學裡，我認真地對待每一天，學好每一課。但畢業時我沒有選擇去製藥公司，而是向微軟投出了我的簡歷。請您看看我大學考試的成績單。」

那是一份全優的成績單！一個不喜歡自己專業的學生，竟然考出了這麼好的成績，足以證明，這名學生是聰明的，更是有責任心的。領導最終錄用了這名非電腦專業的大學生。

敬業是一個人在工作中的優良品質，也是一個人應該具備的職業素養。如果是因為對事情瞭解少而不感興趣，你可以在工作中培養自己的興趣，多給自己瞭解的機會和時間。倘若工作的確單調或繁瑣，可以找一些犒勞自己的方法，或者交叉安排一些喜歡做的事情，使自己的感覺不至於那麼難受，也有了新動力來繼續完成接下來的工作。

實際上，任何一份工作都不是十全十美的，每個人也未必都能做自己喜歡的工作。能把自己喜歡的工作幹好尚且不容易，更何況是做好自己不喜歡的工作呢？對那些能做好自己不喜歡的工作的人，哪位老闆會不放心呢？因為他幹任何工作都會幹得很好。

美國管理學家韋特萊指出：成功者所從事的工作，是絕大多數的人不願意去做的，許多時候，他們成功，只是因為他們做了其他人不以為然或者不願意去做的事情而已。

一輩子只做一件極致的事

誰也不可能輕易成功，成功來自徹底的自我管理和毅力。
而自我管理和毅力的訓練可以從最小的事情做起，甚至僅僅是帶有儀式感的事情。

有一部紀錄片叫《壽司之神》，講的是全球最年長的三星大廚，被稱為「壽司之神」的小野二郎。終其一生，他都在握壽司，他幾乎是用朝聖的心態對待他的工作，永遠以最高的標準要求自己和自己的學徒，確保客人享受到極致的美味，甚至為了保護製作壽司的雙手，他在不工作時永遠戴著手套，連睡覺時也是如此。

一直到七十歲心臟病發作之前，小野二郎都親自騎自行車去市場進貨；為了使章魚口感柔軟，要給牠們按摩至少四十分鐘；為了讓米飯彈性達到最好的狀態，小學徒搖著蒲扇給米飯降溫；海苔用特殊木炭烤製；純手工打蛋。食材方面精益求精，從築地魚市專門賣鮪魚的魚販手裡買走最好的那一尾魚，從蝦販手裡買走市場上僅有的三斤野生蝦，從最懂米的米店那裡買最好的米……

由於二郎做的壽司幾乎算作藝術品，這間隱身於東京某大廈地下室、只有十個座位的小店，需要提前半年訂餐，最低消費三萬日圓，主廚決定你吃什麼，沒有佐餐小菜，價格要參考當天的漁貨價格……這個壽司店連續兩年榮獲米其林三顆星評價，甚至被譽「值得花一生去等待的餐館」。

這部電影講述的是職人精神：「職人的精神就是一輩子只做一件事，並且把這件事做到極致。」

它向我們展現了一生專注做一件事究竟可以達到怎樣的境界。它需要的是對這件事情的信仰，由信仰帶來的無限熱情，以及無數次重複之下的化為品性的習慣。

而大多數人很難把一件事情堅持下去。每天背一百個單字，每個禮拜讀一本書、看一部電影，每天花四十分鐘跑步，不吃速食……你有多少這樣的計畫中途夭折了？總是有這樣那樣的理由讓自己放棄做這件事情。其實，不是種種理由迫使我們放棄的，而是我們自己禁不起誘惑。才堅持了不到一個星期，就感覺到自己成功了，於是開始浮躁，告訴自己今天稍微放鬆一下，明天繼續堅持。可是就是「稍微放鬆一下」，讓自己沒有能夠堅持下去。

習慣推遲滿足感的人才更容易達到目標。

推遲滿足感，意味著不貪圖暫時的安逸，重設快樂與痛苦的次序：首先，面對問題感覺痛苦；然後，解決問題並享受更大的快樂。

其實，我們早在小時候（通常從五歲開始），就學會了自律的原則。例如在幼稚園裡，有的遊戲需要孩子們輪流參與，如果一個五歲的男孩多些耐心，讓同伴先玩遊戲，而自己等到最後，就可以享受到更多的樂趣，他可以在無人催促的情況下，玩到盡興方休。對於六歲的孩子而言，吃奶油蛋糕時不把奶油一口氣吃完，或者先吃蛋糕，後吃奶油，就可以享受到更甜美的滋味。讀小學的孩子回家就寫家庭作業，再去玩電腦，是實踐「推遲滿足感」。到了青春期，他們處理類似問題，就可以更加得心應手，因為這已經成為一種習慣或常態。

誰也不可能輕易成功，成功來自徹底的自我管理和毅力。而自我管理和毅力的訓練可以從最小的事情做起，甚至僅僅是帶有儀式感的事情。

古希臘哲學家蘇格拉底第一次給學生上課時，要求他的學生在上課前揮一揮手。一週以後他發現有一半的學生不再揮手，一個月以後他發現有三分之二的學生不再揮手，半年以後他發現只有一個學生還在揮手。那個學生就是後來成為大哲學家的柏拉圖。

你看，只是每天課前揮一下手這樣小到幾乎沒有意義的事情，堅持下去，就會造就完全不同的人生。只是因為，這種「無意義」背後體現著一個人的專注和意志，而這些品性是無論做什麼事情的時候都需要的。法國思想家西蒙娜・韋伊說：「學習構成專注的智力訓練，因此，學校的每種訓練應是精神生活的一種折射。」她認為，數學、物理這樣的課程，哪怕我們不瞭解學習它們的意義，哪怕在以後的歲月裡再也用不到這些知識，可是，學習它們所磨鍊出來的專注力卻是一個人一生的財富。

我們每一個人一生的精力都是有限的，能夠去做的事情也是有限的，如果你把精力放在不同的地方，很容易顧此失彼。要想真正做好一件事，必須專心去做才會達到想要的效果，否則很可能就是博而不精。而要想一心一意做成某件事，就必須「破雜」。

有一位畫家，舉辦過十幾次個人畫展。參觀者再少，他的臉上也總是掛著微笑。有人問他：「你為什麼每天都這麼開心呢？」他說：「小時候，我的興趣非常廣泛，性格也很要強。畫畫、彈琴、游泳、打籃球，每一樣都想學，每一樣都想得第一——這當然是不可能的。遇到挫折後，我心灰意冷，學習成績也一落千丈。父親知道後，找來一個漏斗和一捧玉米粒。讓我把雙手放在漏斗下面，然後撿起一粒玉米粒投到漏斗裡面，玉米粒便順著漏斗滑到了我的手裡。父親投了十幾次，我的手中也就有了幾粒玉米粒。然後，父親抓起滿滿的一把玉米粒放在漏斗裡面，這一次玉米粒在漏斗裡擠得緊緊的，一粒也沒有掉下來。父親對我說：『你可以把自己看成這個漏斗，假如你每天都能做好一件事，每天你就會收穫一粒。當你想把所有的事情都擠到一起來做，就連一粒也收穫不到了。』」

所以，每一個有夢想的人，無論你的目標是長期的還是短期的，請從身邊的每一件小事開始做起。在每次想要放棄的時候，可以先想一下目標達成以後的情景，給自己描繪一幅美麗的藍圖，從而給自己帶來繼續前進的動力，然後不論風雨堅持走下去。如果你有暗自喜歡的人，堅持為他／她做點什麼；如果你有一隻可愛的寵物，堅持每天抱抱它，和它說說話。每一次受傷動搖的時候，多想想他們的眼神，想想他們的關愛，給自己更多前進的理由，不管風雨，咬咬牙，堅持下去。

然後有一天，我們一點一滴細微的努力，漸漸會化為未來的彩虹，我們也會一點點變成自己希望的樣子。我們終會掌握自己獨有的節奏，不懼風雨，不羨他人。

有些事現在不做，一輩子都不會做了

很多事不開始做，根本不知道該準備些什麼。有些事現在不做，一輩子都不會做了。

老祖宗流傳下來一句話：「凡事豫則立，不豫則廢。」我們處理一個問題時，如果事先做好調查分析並制訂相應的對策，就更容易獲得成功；反之，處理問題而不研究問題發生的原因，不對問題的解決方法做出有效的設想，而盲目主觀地去做，則問題經常難以解決。

這當然是對的，不過辯證法的奇妙之處就是，一個正確的命題的反面同樣是正確的，而它們離錯誤也不過是一點點的距離。

我們大多數人身上都發生過這樣的事：一個不通水性的人想學游泳，他買好了游泳衣、游泳帽、潛水鏡，然後搜索了各種培訓，還在視頻網站上看了各種教學視頻，欣賞了奧運冠軍的優美泳姿——結果一個夏天過去了，他仍然還是沒學會游泳。

這就是我們說的「工具綜合症」。工具綜合症，就是總把工具當成「結果」來想像。就像你特別喜歡收集文具，各種筆啊，本子啊，墨水啊，你心理上大概是這個邏輯——當我買文具的時候，我就覺得我已經寫滿了字，然後充滿了「我真是個愛學習的好孩子」、「我很快就成為一個偉大的作家了」的心理暗示，好開心。而實際上呢？絕大多數本子，買來時是空白的，幾年之後還是空白的。桌上一堆的英雄鋼筆、派克墨水，直到墨水過期了，鋼筆帽還沒有打開過。

工具綜合症者基本邏輯就是——我都使用了最好的工具了，好的結果不是唾手可得嗎？你想準備一個記事本，結果在買什麼樣的本子上糾纏了一個月，挑選喜歡的筆又用了一個月，琢磨用什麼表格好再用了一個月，三個月過後，你還會繼續堅持用記事本嗎？

與工具綜合症相類似的還有資料收集狂。資料收集狂就更普遍了，尤其是在這個資訊爆炸的年代，收集資料變成了點擊一下滑鼠就能完成的事。硬碟裡存著幾G的書籍，幾百個G的電影，都是很尋常的事。可是看完的有多少呢？

資料收集狂是另外一種重視工具而不重視結果的偏執狂，邏輯也是同樣的——我都收集了這麼多資料了，獲得好的結果不是理所應當的嗎？

用相對好的工具確實有助於提高效率或者增強體驗，但是工具能帶來的提高也是有限的，給你全世界最好的小提琴，你還是會拉 出讓鄰居抓狂的聲音。

會花很長時間挑選工具，糾結於這些工具區別的人，可能或多或少也有一點完美主義吧。只是，世間沒有完美的工具。

工具的價值在於被使用，在人與工具的關係中，工具被人創造，目的就是為了使用的，不使用它們，工具就毫無意義。

筆和本子的價值在於被人拿著寫出很多很好看的字，是寫出漂亮深刻的文章的，寫到筆尖都裂開了，寫到本子都密密麻麻摞成堆，才是圓滿了，不是被人供起來，每天拿出來擦一擦看一看的。

石油大王洛克菲勒在給他的兒子的信裡這樣寫道：「很多人都承認，沒有智慧的基礎的知識是沒用的，但更令人沮喪的是即使空有知識和智慧，如果沒有行動，一切仍屬空談。行動與充分準備，其實可視為物體的兩面。人生必須適可而止。做太多的準備卻遲遲不去行動，最後只會徒然浪費時間。換句話說，事事必須有節制，我們不能落入不斷演練、計畫的圈套中，而必須承認：不論計畫有多周詳，我們仍然不可能準確預測最後的解決方案。」

不論是工具綜合症還是資料收集狂，都會使一個人變成一個被動者，他們想等到所有的條件都十全十美，時機對了以後才行動。然而，到處都是機會，但沒有十全十美的。一定要等到每一件事情萬無一失以後才去做，這是傻瓜的做法，也是一種怯懦的表現。

我們必須相信，面前正是一次機會，才不會將自己陷入等待的泥沼裡無法動彈。

就像出門旅行時，我們會準備鞋子、衣服、乾糧，但是我們無法預先準備應對路上遇到的所有意外，那些風啊，雨啊，大狗啊，小偷啊，都需要我們邁出家門後再做應變。如果我們像契訶夫的《套中人》那樣，出門時總裹上厚厚的雨衣，一點點未經計畫的事情都讓我們驚慌失措，那麼我們就會錯失無數可能，以及鍛鍊自己變得堅強勇敢的機會。

蔡康永說，都準備好是永遠不存在的狀態。等我準備好了再旅行，等我準備好了再表白，等我準備好了再結婚……只是一種理想狀態。很多事不開始做，根本不知道該準備些什麼。有些事現在不做，一輩子都不會做了。

工作是這樣，生活也是這樣。

有一句古話說：「樹欲靜而風不止，子欲養而親不待。」就「盡孝」這件事來說，我們永遠沒有準備好的時候。你總說：「我現在一個人在外辛苦打拚，我沒車沒房不能衣錦還鄉，我要在成功之後再將父母接來，那時我才有足夠的力量給他們幸福……」不要奢想你幾年以後就會燦爛完美如花，人生的每個階段都有忙不完的事，理不清的頭緒和不盡如人意的經濟狀況。盡孝要及早，不要等到再無機會時，才痛悔萬分。

上數學課時，我們學過「兩點之間，直線最短」，我們盡可以在數學的理智世界中完美地推論證明這一點。只是人生不是數學，人生路途上沒有直線，但就在那人生拐角的曲徑通幽處，才有鳥語花香的驚喜。

空船才是最危險的

那些得過且過的人，像那只沒有盛水的空水桶，常常一場小小的風雨就把他們打翻了。

「當你不去旅行，不去冒險，不去拚一份獎學金，不過沒試過的生活，整天掛著QQ，刷著微博，逛著淘寶，玩著網遊。幹著八十歲都能做的事，你要青春幹嘛？」你是否曾被這句網路流行語喚醒了心底那沉寂許久的上進心？趨樂避苦的天性常常讓人選擇輕逸討巧的生活方式。在最該學習的年紀，你選擇了花前月下卿卿我我，羨慕輕鬆、舒適，還有高回報的工作，希望自己的一生輕鬆自在、愉快無憂，沒有痛苦和磨難，可是又有誰會這樣「幸運」呢？難道沒有壓力和困難的人生就是幸運的嗎？

一艘貨輪卸完貨返航時，突然遭遇風暴。在這個危急時刻，船長下令：「打開所有空貨艙，立刻往裡面灌水。」

往貨艙裡灌水？水手們驚呆了。這樣船沉得不是更快嗎？這不是更快地把自己帶往死路嗎？大家都疑惑地看著船長。

船長看到沒有人動，問道：「你們不聽我的命令，難道都要等著葬身大海嗎？」

一個水手問道：「往船艙裡灌水，這不是自尋死路嗎？」

船長鎮定地說：「大家見過根深葉茂的大樹被暴風颳倒過嗎？被颳倒的都是沒有根基的小樹。」

水手們半信半疑地照著做了。雖然狂風巨浪還是那麼猛烈，但隨著貨艙裡的水越來越多，貨輪漸漸地平穩了。儘管海面波濤起伏，但貨輪最終還是安全地抵達岸邊。

上岸後，船長告訴水手們：「一只空桶很容易被風吹翻，如果裝滿了水，風就吹不倒了。同樣的道理，一條船在負重的時候是最安全的，空船才是最危險的。」

「最豐滿的稻穗，最貼近地面。」其實，人生何嘗不是呢？

成功的人，無不是負重前行的勇敢者，沉重的責任感時常壓在他們的心頭，砥礪他們的內心，即使遇到大風大浪，他們也能夠堅定地走過去。而那些得過且過的人，像那只沒有盛水的空水桶，常常一場小小的風雨就把他們打翻了。

有兩個大學生，畢業後一起進了同一家公司工作。張三為人踏實，李四為人圓滑。剛開始，兩人各自幹著分配給自己的那份工作，都很賣力，也幹得很不錯。不久，張三發現辦公室主任常常把一些本屬於李四的工作分給自己做，害得自己每天要加班到很晚，累得上氣不接下氣，而李四卻整日無所事事，有時甚至到辦公室點個頭就走了。張三終於忍無可忍，起了辭職的念頭。回老家時，他忍不住和父親訴苦，誰知父親聽了兒子的訴苦，反而高興地問：「真的嗎？你一個人能做兩個人的事？」

「整天累死累活，工資又不多拿一份，有啥可高興的？」兒子垂頭喪氣地說。

父親隨手拿了兩張紙，使勁扔出一張，那張紙卻軟軟地飄到了腳跟前，然後父親又從地上撿了一塊石頭包進另一張紙裡，隨手一扔就扔出了很遠。

「孩子，你看紙是不是很輕？可包了石頭的那張紙卻扔得更遠。年輕人多做點事，肩上擔子重一點，是好事！」

聽了父親的話，張三振奮起來，心態發生了巨大的改變。回公司仍然幹著原來的工作，但是他把壓力化為動力，一個人幹兩個人的事，竟也幹得遊刃有餘。一年之後，公司部門進行優化重組，張三升任辦公室主任，而李四卻離開了。

其實，人的一生要負載很多東西，比如苦難，比如沉重的生活和繁重的工作。誰也不知道自己哪天會面臨糟糕的局面。如果有些東西注定是我們無法逃避，必須面對的，那麼我們不妨以一種積極的態度去面對。讓生命負重，人生才有壓力；有壓力，才會產生前進的動力，生命因負重而走向成熟。讓生命負重，其實就是讓人在壓力下得到鍛鍊，增長才幹。就像船，沒有負重的船會被大浪掀翻；就像心靈，沒有思想的心靈會飄浮如雲。

莊子在《逍遙遊》裡講到的那隻鵬鳥，牠的背像泰山，翅膀像天邊的雲；借著旋風盤旋而上九萬里，超越雲層，背負青天，然後向南飛翔，要飛到南海。水溝裡的麻雀譏笑鵬鳥：「牠要飛到哪裡去呢？我一跳就飛起來，不過數丈高就落下來，在蓬蒿叢中盤旋，這也是極好的飛行了。而牠還要飛到哪裡去呢？」正是因為大鵬鳥身體沉重，才能鍛鍊出一對堅硬的翅膀，飛往九萬里的青天。正所謂「燕雀安知鴻鵠之志」，人生負重前行，只是因為有未竟之志，有未完的夢想而已。

接受生活的另一面

無論你願不願意，這就是生活的真相：它偶爾給予饋贈，但從來不保證一定會天遂人願。

一些剛走出校園踏入社會的人，總對自己抱有很高的期望，認為以自己的學識和才幹，應該從事體面的工作，拿更高的薪水，並得到更多的重視。

但事實上剛剛跨入社會的年輕人，由於缺乏工作經驗，根本沒辦法委以重任，工作自然也不是他們所想像的那樣體面。並且，當主管要求他去做一些工作時，他就開始抱怨起來：「我被僱來不是要做這種活的！」、「為什麼讓我做而不是別人？」對工作喪失了起碼的責任心，不願意投入全部的力量，敷衍了事，得過且過。長此以往，嘲弄、抱怨和批評的惡習，會將他們卓越的才華和創造性的智慧淹沒，使之根本無法獨立工作，最終成為沒有任何價值的員工。

公司少你一個，照樣能夠運轉，可自己卻丟失了工作。相比之下，誰比較吃虧呢？十個人當中至少有九個人會抱怨上級或同事的不是，很少有人能夠認識到，自己之所以失業是失職的結果。有許多失業者是才華橫溢的，只是他們對工作充滿了抱怨、不滿和譴責。要麼怪環境條件不夠好，要麼就怪老闆有眼無珠，總之，牢騷一大堆，積怨滿天飛。

像每個硬幣都有兩面一樣，生活也會有好的一面和不好的一面，如果一味地希望遠離那些自己無法控制和認可的壞事情，無法忍受和改變，那麼一定無法享受到生活帶來的快樂與美好。

生活並非總是一帆風順，我們需要接受它的好，也要直面那些無法控制的壞結果，而且很多時候，能夠接受生活最壞的一面，是享受美好生活的一個重要前提。

我們總是習慣性地假設自己有多麼漂亮，多麼富有，多麼有才幹，甚至習慣性地幻想著能夠將一切美好的事情都歸到自己身上。但假設終究是假設，我們依然要面對生活，面對一個平凡的自我。逃避或者幻想，只能增加生活的困擾，只能在無意義的舉動中凸顯出人生的無可奈何。

總有許多事情是我們無法控制和改變的，例如出身、環境、生老病死、意外或者災難，這些往往讓人感到無奈，但除了無奈，我們又能夠做些什麼呢？既然無法改變生活所帶來的一切，那就不妨安然地接受生活的贈予，無論你想不想要，都無法改變必須面對的事實。無論你願不願意，這就是生活的真相：它偶爾給予饋贈，但從來不保證一定會天遂人願。

不要為那些自己無法控制的事情而煩惱，不要為那些已經出現的結果而感傷。生活不會永遠都給你設置一個完美的結果，你最終還是要親自面對那些自己無法左右的事情。既然無法逃避也無法改變，為什麼不坦然地去接受呢？我們也許沒有能力改變自己的生活環境，但卻有能力改變自己的生活態度，有能力決定以什麼樣的心態來面對生活。

有個旅行者住在一個旅館中。他擔心明天的天氣會對自己的行程造成影響，於是就問旅館老闆：「您認為明天的天氣怎麼樣？」老闆看著天空說：「我想應該會是我喜歡的天氣。」

旅行者追問：「明天是個大晴天嗎？」老闆搖搖頭。旅行者接著問：「那麼是陰雨天嗎？」老闆依然搖頭。旅行者感到有些奇怪：「您既然不知道明天的天氣，又怎麼會知道明天會是你所喜歡的天氣？」老闆微笑著回答說：「早在很久以前，我就知道了自己根本沒有辦法決定天氣，所以無論天氣怎樣，我最終都會很喜歡。」

比爾．蓋茲說：「生活是不公平的，你要去適應它。」當遭遇挫折時，我們習慣於抱怨，習慣於指責，但是，對於這些不順利的境況，抱怨和指責究竟能起到什麼作用呢？不能帶來改變，甚至無法 換來一些同情。

生活中難免會有不公正的事情發生，每個人都希望能夠快速地做出改變，給自己創造一個更加美好的生存環境，但這多半都行不通，或者說只是一廂情願而已，真相是你往往繼續掙扎在現有的環境中。人人都想像貝多芬那樣掐住命運的咽喉，但總被生活中一些事實扼住自己的喉嚨。

我們需要充分發揮自己的主觀能動性，但是更要懂得尊重客觀事實。當事情毫無改變的可能時，我們何不欣然接受呢？因為在這種情況下，任你再如何發揮能動性，也無法做出任何有效的改變，只是徒勞地浪費時間和精力而已。

生活中總是有許多不順心的事情，最明智的做法就是先適應它們的存在。唯有暫時適應環境，做個心平氣和的人，才能在生活中尋找到更多改變的機會。

存真誠的心，做真誠的事

人生就是一個做人的過程。如何做，做成什麼樣，都掌握在你自己的手裡。

「永遠不要在背後批評別人，尤其不能批評你的老闆無知、刻薄和無能。因為這樣的心態，會使你走上坎坷艱難的成長之路。」這是比爾・蓋茲送給年輕創業者的一句話。在沒有開始創業，沒有當上老闆之前，一定會有一段時間在為別人打工，要想當好老闆，必須先做一個會為老闆做事、深得老闆欣賞和喜歡的人，這樣以後自己才可以做好老闆。

一些剛剛走上職場的年輕人，往往心比天高，覺得自己無所不能，只是懷才不遇，而老闆則一無是處，只是運氣好一些而已。實際上比爾・蓋茲用這句話來告訴年輕人，想走向成功，想成為富人，要有一種開放、健康的心態，沒有一個人的成功是偶然的，每一個成功者都有他們成功的理由，也都有他們艱辛的付出。

可能下班之後你陪女朋友逛商場購物時，你的老闆還在加班；假日你陪家人一起放鬆的時候，你的老闆可能捨棄與家人團聚的機會，接待從外地來的客戶；當你為手頭的工資不滿時，可能你的老闆為了給你發工資，剛從銀行貸了一筆款。沒有人能隨隨便便成功，你沒有成功，你的老闆成功了，絕對不會僅僅是因為他運氣比你好。

如果因為某些原因，你的老闆做錯了很多事情，確實到了你必須批評他的地步，那麼，你一定要注意批評的方式，批評的時間，批評的力度和批評的藝術。你在批評老闆之前，先要從對方的角度想想，為什麼他要那樣做，是不是有難言之隱，在這種情況下，對那些無傷大雅的事，你就應該以關心代替批評，這樣會使對方更容易接受。有時候，日常閒談中蜻蜓點水，像學生討教老師般讓老闆自己醒悟過來，老闆會覺得你是個有人情味的得力助手，你在公司的前景也會光明起來。

批評老闆，必須注意批評的語調，切勿語重傷人，以免釀成不良後果。無論自己多麼有理，仍要謹記自己只是個下屬，尊重老闆就是保護自己。相比批評來說，你最好多當眾讚美你的老闆，即使對老闆有看法，有想法，或者老闆做錯了事情，你也要私下批評。誰都喜歡聽讚美的話，而且假如這種溢美之詞是當眾聽到的，就會更加覺得有面子；反之，有關批評的話最好私下說，這樣除了能照顧到對方的面子外，對自身的形象也會產生好的影響。

此外，世界上沒有十全十美的人，不可隨隨便便說人家的短處，或揭別人的隱私。首先你要明白，你所知道的關於別人的事情不一定可靠，也許另外還有許多非你所知的隱衷。你若貿然把所聽到的片面之言宣揚出去，顛倒黑白，混淆是非，待事後你完全明白真相時，你還能更正嗎？人間的關係大半如此複雜，若不知內幕，就不宜亂說。

生活中，我們身邊有一種人很令人討厭，此類人專好興波助浪，把別人的是非編得有聲有色，誇大其詞地逢人就說，世間不知有多少悲劇由此而生。要是有人向你說某某人的短處時，你唯一的辦法是聽了就忘，像別人告訴你的秘密一樣，謹緘君子之口，不可做傳聲筒，並且不要深信這片面之詞，更不必記在心上。

在這個充滿競爭的世界裡，動輒就說上司壞話、說自己懷才不遇的人，其實是最可悲、最可憐的人。這些人在內心深處，其實自卑而又自我。他們認為自己受到不公平的待遇，認為自己還可以做更重要的事情，擔當更重要的職務，拿更多的薪水。但是，他們卻只是在抱怨，沒有去積極地爭取。

人生就是一個做人的過程。如何做，做成什麼樣，都掌握在你自己的手裡。一個創業者只有先正確地評判自己，才有資格評判他人。雖然世界上有一些爾虞我詐的醜陋事情發生，但是，任何時候世界的價值觀，都是譴責卑鄙、弘揚光明；任何時候，做人都要光明磊落，不論與什麼人相處，總要凡事真誠，存真誠的心，說真誠的話，做真誠的事，就能得到別人的理解和贊同，就能得到別人的信任和支持。

你的心態就是你真正的主人

心中沒有陽光的人，勢必難以發現陽光的燦爛；心中沒有花香的人，也勢必難以發現花朵的明媚。

人生是一場艱苦的跋涉。在人生的道路上，有陽光雨露，也有暴風驟雨，唯有保持良好的心態，才能坦然地面對所遭遇的一切。

心態是一個人的心理態度，即人的各種心理品質的修養和能力，它對人的思維、言談和行為動作具有導向和支配作用。正是這種導向和支配作用決定了人們事業的成敗，決定了人們的命運。

有一個名叫梅根的老太太，她的鄰居跟她同年，她們在一起慶祝了七十大壽。鄰居太太認為「人生七十古來稀」，自己已經七十歲了，可以安心去見上帝了，因此，決定坐在家中慢慢等死。而梅根老太太則認為一個人想做什麼事，不必考慮年齡的大小，想做就可以去做。

於是，她從七十歲開始學習登山，在九十五歲的時候，她登上了日本的富士山，打破了這個年齡攀登富士山的紀錄。同樣是感到自己已經七十歲了，那位鄰居太太選擇足不出戶，結果在幾年後就去世了；而梅根夫人則讓自己的暮年重新變得絢爛。

人生不如意事十之八九。有些人稍不如意便長籲短嘆，甚至為之付出生命的代價，可人只有一次生命啊！小小的心結為什麼就打不開呢？形成心結的誘因其實無非感情破裂、家庭衝突、事業受挫、人際失和這些，歸根究柢，還是在於一個人看待世界的方式和對待事情的態度。

從前有一位母親，有兩個兒子，大兒子是賣鹽的，二兒子是賣傘的。下雨了，母親擔心大兒子的鹽受潮了，賣不出去；天晴了，媽媽又擔心天不下雨，二兒子的傘賣不出去。就這樣，無論天晴還是下雨，她都沒有開心的時候。

有一天，她遇到一位先生，對他講了自己的擔憂。先生問她：「為何你不換一種心態來看這件事呢？如果下雨了，二兒子的傘就能夠多賣出去；如果天晴了，大兒子的鹽也就好賣了，你要是這麼想，不是就可以整天都開心了嗎？」

天還是老樣子，時晴時雨，只是改變了一下自己的想法，憂鬱就變為了喜悅。

可見，一個人幸福與否，關鍵在於心態。心態變了，一切都變了，心態決定著美好與醜陋，決定著成功與失敗，決定著痛苦和幸福。我們不只是生活在現實社會中，更生活在自己的心態中。佛經說：「物隨心轉，境由心造，煩惱皆由心生。」心態決定我們的人生。

一個人應當努力摒棄自己人性上的弱點，保持寧靜而豁達的心態。成功時，不驕躁；失敗時，不氣餒；得意時，不癲狂；失意時，不頹廢。只有這樣，才能經受苦難的磨鍊，撫慰失意的痛苦，寬容他人的過失，尋回生命的美好。

美國總統羅斯福家中失竊，被偷去了許多東西。一位朋友知道消息後，寫信安慰他。羅斯福給這位朋友回信說：「親愛的朋友，謝謝你來信安慰我，我現在很平安。感謝上帝，因為：第一，賊偷去的是我的東西，而沒有傷害我的生命；第二，賊只偷去我部分的東西，而不是全部；第三，最值得慶幸的是，做賊的是他，而不是我。」

一個人的內心如果充滿陽光，那他就一定充滿智慧。就如同中國古代「塞翁失馬」的道理一樣，羅斯福在遇到失竊之後，沒有用消極的心態去面對，而是內心充滿了感恩與陽光，這又何嘗不是一種幫助他成就偉大事業的智慧呢？

成功學大師拿破崙・希爾在他的《積極心態的力量》一書中，總結出一條著名的成功公式：

對於任何人而言，只要你擁有正確的心態，就離夢想更近了一步。

面對同樣的一件事，你用積極的心態去面對，和用消極的心態去面對，結果是截然不同的。

有這樣一則小故事：

有三個工人正在一起砌一堵牆。有個過路人問：「你們在幹什麼？」

第一個工人無精打采地說：「沒看見嗎？我們正在砌牆。」

第二個工人抬頭笑了笑說：「我們在蓋一棟漂亮的大樓。」

第三個工人一邊幹活一邊哼著歌，他抬起頭認真地說：「我們在創造美好的生活。」

十年之後，第一個人仍在工地砌牆，第二個人早就當上了一名工程師，第三個人已經成為一名負責建築工程的總經理。

法國作家薩克雷說過：「生活是一面鏡子，你對它笑，它就對你笑；你對它哭，它也對你哭。」人的一生，會有很多不如意的事情。面對生活中的這些不如意，是要一味地埋怨生活，變得消沉、委靡不振，還是應該有堅定樂觀的態度，在逆境中奮發圖強？

心中沒有陽光的人，勢必難以發現陽光的燦爛；心中沒有花香的人，也勢必難以發現花朵的明媚。

所以，在生活中我們要保持平常心，從容不迫地面對一切，要以積極樂觀的精神去思考和行動，然後才能獲得我們想要的結果。

用樂觀的心態對待人生，你便為自己的生命開掘了一眼永不枯竭的幸福之泉、成功之泉。

PART 4

沒有傘的孩子，只能努力奔跑

只有經歷過地獄般的折磨，才有征服天堂的力量。
只有流過血的手指，才能彈出世間的絕唱。

改變自己，就能改變人生

我們想多大程度地改變世界，就得在多大程度上改變自己。

做人最大的樂趣在於通過奮鬥去獲得想要的東西。所以，有缺點，意味著我們可以進一步完美；有匱乏之處，意味著我們可以進一步努力；有遺憾，可以為了讓人生變得更美好而努力改變自己。

每個人都是組成社會的分子，一個分子發生了一丁點兒變化，世界也會和之前不一樣了。所以，我們想多大程度地改變世界，就得在多大程度上改變自己。

亞利桑那州立大學的心理教授羅伯特·西奧迪尼是美國著名的心理學家。有一天，他在紐約結束了一天的工作之後，乘地鐵去時代廣場站。當時正值下班乘車的高峰期，人流像潮水一樣沿著臺階蜂擁而下直奔月臺。

突然，羅伯特·西奧迪尼看到一個衣衫襤褸的男子躺在臺階中間，閉著眼睛，一動不動。

趕地鐵的人們都像沒看到這個男子一樣，匆匆從他身邊走過，個別的甚至是從他身上跨過。

看到這一情景，羅伯特・西奧迪尼感到非常震驚。於是，他停了下來，想看看到底發生了什麼。就在他停下來的時候，耐人尋味的轉變出現了：一些人也陸續跟著停了下來。

很快，這個男子身邊聚集了一小圈關心他的人，人們的同情心一下子蔓延開來。有個男人去給他買了食物，有位女士匆匆給他買來了水，還有一個人通知了地鐵巡邏員，這個巡邏員又打電話叫來了救護車。幾分鐘後，這個男子甦醒了，一邊吃著食物，一邊等待著救護車的到來。

人們漸漸瞭解到，這個衣衫襤褸的男子只會說西班牙語，且身無分文，已經餓著肚子在曼哈頓的大街上流浪了好幾天。他是因為饑餓而昏倒在地鐵站的臺階上的。

為什麼起初人們會對這個衣衫襤褸的男子視若無睹、漠不關心呢？

羅伯特・西奧迪尼認為，其中的一個重要原因是：在熙熙攘攘、匆匆忙忙的人流中，人們往往會陷入完全的自我狀態，在忽視無關資訊的同時，也忽視了周圍需要幫助的人。這就像一位詩人說的那樣，我們「走在嘈雜的大街上，眼睛卻看不見，耳朵卻聽不見」。

在社會學中，這種現象被稱為「都市恍惚症」。

為什麼後來人們對這個衣衫襤褸的男子的態度會有了較大的改變呢？

羅伯特・西奧迪尼認為，其中一個最重要的原因是，有了一個人的關注，致使情況發生了變化。當時，自己停下來，僅僅是要看一下那個處於困境的男子而已。路人卻因此從「都市恍惚症」中清醒過來，從而也注意到了這個男子需要幫助。在注意到他的困境後，大家開始用實際行動來幫助他。

因為看到別人的善舉，而自身的心理受到了衝擊，進而引發出行善的願望和行動，心理學家將這種變化稱為「昇華」。心理學家的研究表明，幫助病人、窮人或者是其他處於困境中的人，最容易引起人們的「昇華」。儘管這些助人為樂的善事，不一定都是轟轟烈烈的大事。

從心理學家羅伯特・西奧迪尼的故事，讓人聯想到英國一位主教的墓誌銘：

少年時，意氣風發，躊躇滿志，我當時曾夢想改變世界。但當我年事漸長，閱歷增多，發現自己無力改變世界。於是，我縮小了範圍，決定先改變我的國家，可這個目標還是太大了。

接著我步入了中年，無奈之餘，我將試圖改變的物件鎖定在最親密的家人身上。但天不遂人願，他們個個還是維持原樣。

當我垂垂老矣之時，終於頓悟：我應該先改變自己，用以身作則的方式影響家人。若我能先當家人的榜樣，也許下一步就能改善我的國家，再以後，我甚至可能改造整個世界。

不錯，自己先改變了，身邊的一些人就可能會跟著改變；身邊的一些人改變了，很多人才可能會跟著改變；很多人改變了，更多的人就可能會改變……從這個意義上可以說，先改變自己，才可能改變世界。

這輩子真是說短不短，說長不長，不斷逝去的日子逼迫我們擔心，為身邊的人和物，也為不斷出生和逝去的人。

這一切都是很殘酷的。我們不去嘗試改變，就只剩下恐懼，沒有做的勇氣，就徒有一身空想家的本領。這其實是懦弱的行為，是毫無意義的。

不會的時候，嘗試賭一把，反正停下來和前方無路都是一樣。賭，卻能將你的全部潛能激發出來，讓你變得和戰神一樣，不再和碌碌無為的人一個檔次。

打開一扇窗，更深地瞭解自己

學會用自己的眼睛和心靈觀察這個世界，積累技能，平和心態，用更多的自己個人的思考，來進行一份不可複製的成功。

提到成功學，我們會想到網上的一位「紅人」——陳安之。提到他，很多人會很反感。不過，「見賢思齊，見不賢而內自省」，不論如何，我們在他身上都能學到東西。

在網上，陳安之的成功學文章很多，下面摘取一段：

世界上，一定有人比你醜、比你矮、比你學歷低……各種條件都比你差，但成就比你大無數倍。為什麼？中國有六萬個億萬富翁，平均年齡三十七歲，95%白手起家，其中有你嗎？比你成功一百倍的人，比你聰明一百倍嗎？如果你想擁有智慧，並獲得財富、愛情、事業；如果你想只用三個月就徹底改變人生……一定要認真讀完下文。

成功一定有方法，失敗一定有原因。95%的人不願意花幾天時間找方法，如果你願意，將會超越95%的人，成為那5%的人！你不成功，不是因為能力不行，而是因為學習不夠，或沒選對教練！在任何行業中，人都分為兩類：領袖、追隨者。99%的人根本不知道如何成為行業領袖，剩下1%成為領袖的人卻不願分享成功的秘訣。但我不同，我不僅知道，而且願意分享。教你的是普通人，你就得到普通的結果；教你的是成功的人，你就得到成功的結果；教你的是頂級的人，你就得到頂級的結果。只有行業的第一名，才能教你成為行業第一名的方法！只有學習成功者證明有效的經驗，才能快速改變命運！所以不是你不行，而是你不知道跟誰學。你可以花十年、二十年，甚至一輩子來慢慢摸索成功之道，也可以立刻用成功者的方法快速邁向成功！如果你不想一輩子只拿每個月三千元、五千元工資，如果你不想一輩子讓你的公司業績不增長，如果你不想一輩子被父母、兒女、妻子看不起，如果你不想被財務危機折磨得死去活來，如果你不想看到倉庫裡的產品沒有銷路……你應該來找我，現在還不晚。

陳安之有句名言：「要成功，先發瘋，頭腦簡單往前衝！」、「成功，靠的是強烈的動機、充足的理由、堅定的信念。精神的力量是無窮大的。」

一篇小短文《陳安之首度公開價值五十億的十句話》概括了他的主要觀點，內容如下：

一、今天，我開始新的生活！

二、我是最棒的！

三、成功一定有方法！

四、每天進步一點點！

五、我微笑面對全世界！

六、人人都是我的貴人！

七、我是全世界最好的推銷員！

八、我熱愛我的事業！

九、我要立即行動！

十、我要堅持到底，絕不放棄！

排斥成功學的人很多，喜歡的人也不少。還有一些人，開始時排斥成功學，但後來卻信了。為什麼？原因有很多種，比如：

成功需要長期的堅持，也需要激情。如果有人能激起你的激情，讓你從沉睡中醒過來，很不錯。

成功學直接告訴大家「想發財，來找我」，這個許諾太誘人了。有的人不願意腳踏實地、緩慢積累。此時，如果有人要教他「速成」之法，他的魂就被勾走了。

不可否認的是，成功學確實有催人積極向上的因素，很多人，在初入職場或者剛接觸社會的時候，迷茫懵懂，不清楚自己發展的方向，不知道自己要幹什麼，再加上人際和工作上不可避免地會受到一些打擊，很容易消沉下去。這時我們被成功學告知，我們之所以陷入困境，是因為心態有問題，我們要調整好自己的心態，用積極的態度去改善自己，融入環境……這種態度，起碼會引發你的一些思考，讓你的思維打開一扇窗，讓你更深地瞭解自己，發現自己，這並不是一件壞事。相反，確實能起到相當的激勵作用，甚至幫助你走出困惑。

只是，在到達某個階段以後，你必須放棄成功學的那一套，學會用自己的眼睛和心靈觀察這個世界，積累技能，平和心態，用更多的自己個人的思考，來進行一份不可複製的成功。

成功學不是真理，真正的真理是通過自己的身體證悟的。對於一個證悟者而言，那個真理只是自己的真理，但對別人來說，或許那根本算不上是真理。你必須用自己的努力，自己的實踐去證悟，那個屬於你一個人的真理。

不投降，生活就是你的

只有經歷過地獄般的折磨，才有征服天堂的力量。只有流過血的手指才能彈出世間的絕唱。

路是腳踏出來的，歷史是人寫出來的。人的每一步行動都在書寫自己的歷史。歷史上有影響的人物都是果斷並且絕不服輸的人。一個人如果在關鍵的時候軟弱下去，他將不能把握自己的命運，甚至失去生命。而堅定的人並不是擁有更好的條件，他們只是最大限度地利用已有的條件，迅速採取正確的行動而已。

有一部電影中有這樣一個情節：在一次剿匪中，趙爺爺和戰友彈盡糧絕，在撤退的半路上，他不幸掉隊了。

黃昏，趙爺爺從一塊巨岩背後拐出來，迎面撞上了一個殘匪。趙爺爺和匪徒幾乎同時端起手中的槍指向對方。

趙爺爺明白，要想保住性命，自己必須做出強硬的態度，只要稍微遲疑，就有可能被對方看出破綻。

他與殘匪對峙著，目光對著目光，槍口對著槍口，意志對著意志。

當時，趙爺爺已經一天沒吃東西了，加上連日剿匪的奔波，他的身體已經快支撐不住了。但有一個念頭一直支撐著他：投降的不能是自己！

看上去匪徒的狀態顯然不比趙爺爺強多少，雙目無光，驚恐的臉蠟黃蠟黃的，十足像驚弓之鳥。

趙爺爺端著槍，用頑強的意志使身軀山一般地矗立著，銳利的目光直逼匪徒的雙眼。五分鐘，十分鐘，半個小時過去了，匪徒端起的槍慢慢抖動起來。突然，他扔掉槍，癱倒在地。

趙爺爺露出微笑，他竭力控制住自己才沒暈過去。接著，他順手扯住一根結實的葛藤，走過去，將匪徒的雙手緊緊反綁起來。他拿過匪徒的槍，發現彈匣裡面也沒有子彈。

此時，趙爺爺再也支持不住了，一屁股坐到地上，大口喘起氣來。

這個情節讓我久久不能忘懷。

絕不能趴下。要想戰勝對方，就要先戰勝自己。狹路相逢勇者勝，即使必須有一方投降，投降的，也絕不應該是自己。

不肯投降，生活就是你的。

一個不肯投降的人，才是內心真正強大、真正有思想的人。內心強大，才表明他對這個世界、對社會、對人生，已經有了一整套比較完整的看法。當一個人內心中有了堅定的觀點和牢固的信念，他就不會向生活投降。相反，一個人思想中內核的東西如果經常被改變，那麼，他對自己想要什麼，自己想過怎樣的生活，就會毫無主見。

信念內核就是你的世界觀、人生觀與價值觀，關係著你怎樣看待這個世界，你怎樣認識人生，你怎樣看待幸福的標準。這些東西在一個內心強大的人那裡是完全圓通自洽的。因此，不肯投降的人並不是不肯改變，而是即使不改變自己處於信念內核中的東西，也終將會做生活的主宰。

春蠶到死絲方盡，人至期頤亦不休。一息尚存須努力，留作青年好範疇。

成功者從來不半途而廢；成功者從來不投降；成功者們不斷鼓勵自己，鞭策自己，並反覆去實踐，直到成功。為了使你成功，要練習表裡如一的行動。在睡覺前練習，在醒來後練習，在廣場上練習，在汽車中練習，讓成功成為你的習慣吧！

愛默生告誡我們：「當一個人年輕時，誰沒有空想過？誰沒有幻想過？想入非非是青春的標誌。但是，我的青年朋友們，請記住，人總歸是要長大的。天地如此廣闊，世界如此美好，等待你們的不僅僅是需要一對幻想的翅膀，更需要一雙踏踏實實的腳。」

只有經歷過地獄般的折磨，才有征服天堂的力量。只有流過血的手指才能彈出世間的絕唱。

生活只有在平淡無味的人看來才是空虛而平淡無味的。實際上，再平靜的水面下面，也隱藏著看不見的漩渦。你的人生猶如一條船，你要有掌舵的心理準備。即使面對再突然再兇猛的風浪，也不能失去拚命向前的精神。

沒有傘的孩子，只能努力奔跑

無論做什麼事，只要你想著要比別人做得好，
那麼你就像在瓢潑大雨中努力奔跑的人，積極地為自己創造機遇。

如果你碰到一個雨天，下著很大的雨，最要命的是你沒有傘，你會怎麼樣？是努力奔跑，還是漫步雨中？

這讓我想起了一個故事：有兩個人在街上閒逛，突然天空下起了大雨，路人甲拔腿就跑，而路人乙卻不為所動，還是保持著不緊不慢的步伐。

路人甲好奇地問：「你為什麼不跑呢？」路人乙回答說：「為什麼要跑，難道前面就沒有雨了嗎？既然都是在雨中，我又為什麼要浪費力氣去跑呢？」路人甲無語。

故事中的路人甲和路人乙，在面對同一問題時，表現出的是完全截然不同的兩種態度。一個在瓢潑大雨中努力奔跑，一個在大雨中卻表現得淡定如初。雖然跑與不跑，都是在瓢潑大雨中，但是心態不同，過程不同，結果自然就不同。

按照路人乙的邏輯，跑得快也照樣淋雨，甚至淋得更多，因為有可能迎著雨。所以，索性不跑，也許這只是一場驟雨，來得快去得快。由此可見，在雨中奔跑只是徒勞無功的事，不如順其自然，保持一個淡定的心態，一樣會等到雨過天青。

但在奔跑的路人甲看來，下雨雖然沒帶傘，但我可以快點跑，以找個地方避雨，少挨些淋。淋多了雨感冒了，更不划算。所以，與其被動地被雨淋，不如主動一些。

在現實生活中，絕大多數人如路人甲和路人乙一樣，都是沒有傘，卻剛好碰到大雨的孩子。沒有傘，是指我們都很平凡，如我們的父母一樣。平凡不是我們低調，而是我們沒有高調的資本。

我們父母只是普通人，無法給我們遮風避雨的傘，我們在人生的路上碰到的雨都會比別人大一些，而別人告訴我們說，這是老天爺在考驗我們。於是，我們很積極地去迎接每次挑戰，去接受每一個讓我們刻骨銘心的考驗。一次又一次，換回的是淚水和汗水的交織，或許很快找到避雨的屋簷，或許一直奔跑在大街上。

不是我們沒有選擇，我們可以選擇平淡，選擇等待，但我們選擇了一條更難的路。因為我們是沒有傘的孩子，所以我們選擇了在雨中努力奔跑。

「努力奔跑」意味著一種積極的心態，有了這種心態，能讓人在遇到困境時沒有猶豫，沒有抱怨，積極面對，迎接挑戰。而「無動於衷」意味著一種消極的心態，在困難來臨時，消極被動，逆來順受，不思進取，一直想著退縮。

無論做什麼事，只要你想著要比別人做得好，那麼你就像在瓢潑大雨中努力奔跑的人，積極地為自己創造機遇，迎難而上，在這個過程中，你會做得更好。

你今天得到的生活和成就，就是你昨天努力的結果；明天的生活和成就，今天的努力就是決定因素。

不管自己目前的人生狀況如何，你都不能怨天尤人，也不必抱怨生活，而要積極樂觀地去接受生活賜予的一切，珍惜擁有的，把平凡的每一天過得不簡單。

如果你沒有傘，那就努力奔跑吧！時間一長，總有一天，當你站在人生頂峰的時候，你會感謝今天奮鬥的自己。

我不記得看過多少遍《阿甘正傳》，人們都熟悉那句經典臺詞：「人生就像一盒巧克力，你永遠不知道自己會遇到什麼。」阿甘從小到大都在奔跑。小時候為了躲避其他孩子的欺負而奔跑；後來因為跑得快而進了大學橄欖球隊；再後來跑進了全美明星受到美國總統接見；再後來到了越南戰場，在硝煙烈火中跑著救出了戰友，然後被授予榮譽勳章……

人生是一場奔跑，許多事情我們無力改變，唯一不能變的，是對人生的追求和嚮往的心志。一個人唯有永不停息地奔跑，才能為自己的生命，賦予獨特的質地和內涵，才能把夢想拉進現實。

修正自己的航向，規劃自己的人生，積蓄勇敢的力量，風雨無阻往前闖。

突然想起羽泉的歌〈奔跑〉：「隨風奔跑自由是方向，追逐雷和閃電的力量，把浩瀚的海洋裝進我胸膛，即使再小的帆也能遠航……」

想來，它契合了我一直以來，對人生的理解和一種生活的狀態。就像雨中奔跑的孩子那樣，雨再大，也可以選擇奔跑。當然，奔跑起來可能會被雨打得生疼，可能跑了不久，雨就停了，路上，沒有奔跑的人紛紛嘲笑你過分緊張。但別忘了，雖然有時候努力了未必能得到，但不努力就一定得不到。

奔跑的途中，不要抱怨人生的不公，不要埋怨生活對你虧欠太多，害得你可憐兮兮地淋著雨，別忘了，靚麗的人生是靠自己爭取的。

用一種快樂的心態去奔跑吧，讓別人快樂是慈悲，讓自己快樂才是智慧。人生的快樂莫過於做自己，走自己的路，淋自己的雨，跑自己的馬拉松。

奔跑的途中，遇到困境並不可怕，可怕的是我們失去自信和鬥志。請學會欣賞自己，鼓勵自己並且相信自己。懷著一顆充滿希望的心，是披荊斬棘迎面而上的法寶，心情晴朗，世界就美好，哪怕遇上再大的雨，我們也要堅信，雨過天會晴的。

人生就是一場雨中的奔跑，如果你有傘，恭喜你，請珍惜這份幸運；對大部分沒有傘的人來說，我們還要繼續奔跑在路上。請揚起你的嘴角，帶著你的微笑，去感恩這段尋常又不一般的路給我們帶來的成長！

在命運面前，勇氣會顛覆一切困境

追求夢想的岔路上，總是要拿出勇氣選擇的，屈服於逆境、放棄夢想是可悲的。在命運面前，勇氣會顛覆一切困境。

被嘲笑的夢想，也有實踐的價值，因為勇氣，可以顛覆一切困境。即使前進的路上總會遇到別人否定的目光，但你一定要相信：在命運面前，勇氣會顛覆一切困境。

米老鼠和唐老鴨的「爸爸」是華特・迪士尼。華特・迪士尼不但畫出了風靡全球的米老師和唐老鴨，還以它們為主角拍攝了有聲動畫片和彩色動畫片，並且，為這些銀幕卡通形象在全球建造了迪士尼樂園，造就了一個卡通娛樂王朝。

迪士尼在上小學的時候，對繪畫和冒險小說特別入迷，他喜歡讀馬克・吐溫的《湯姆歷險記》，更喜歡天馬行空地進行創作。在一次繪畫課上，迪士尼充分地發揮自己的想像力，把一盆花朵都畫成了人臉，把葉子畫成人手，並且每朵花都有各自的表情。

多麼豐富的想像力啊！創作對孩子來說，是一件非常值得肯定的事。然而，循規蹈矩的老師根本就不理解孩子心中那個奇特的世界，竟然認為迪士尼這是胡鬧，說：

「花怎麼會像人呢？不會畫畫，就不要亂畫！」迪士尼辯解說：「這些花兒都是會說話的，有時我都能聽到呢！」老師非常氣憤，就把迪士尼拎到講臺上狠訓了一頓，還告誡他說：「以後不許再亂說亂畫，胡思亂想！」值得慶幸的是，這位老師並沒改掉迪士尼亂畫的這個「毛病」。

中學時期，迪士尼負責校刊中的漫畫，他總喜歡在漫畫中體現自己的想法。這時，第一次世界大戰爆發了，中學剛畢業的迪士尼為了見見世面，報名當了一名志願兵，去歐洲做了一名汽車駕駛員。閒暇的時候，他經常創作漫畫作品，並寄給國內的幽默雜誌。然而，他的作品無一例外地都被退了回來，理由是：作品太平庸，作者缺乏才氣和靈性。但是，迪士尼卻對自己信心滿滿，並決定日後要成為一名漫畫家。

戰爭結束後，回到美國的迪士尼拒絕了父親要他到自己持有一點股份的冷凍廠工作的要求，他要去實現他童年時就立誓實現的畫家夢。

他來到了堪薩斯市，拿著自己的作品四處求職，終於在一家叫普雷斯曼魯賓的廣告公司找到了一份畫家的工作。然而，他只幹了一個月就被辭退了，理由是公司認為他缺乏繪畫能力。接下來的一段時間，迪士尼的繪畫能力一再被各方面否定。

他和一位同事合夥成立了一家美術公司，然而總共才掙了一百三十五美元，公司成立不到一個月就停業了。

為了給個人「充電」，他進了堪薩斯市廣告公司，並在這裡學到了不少拍攝電影和動畫的技術。經過了兩年的歷練，迪士尼覺得自己已經有足夠的經驗了，於是成立了一家動畫公司，但這家公司也沒避免倒閉的命運。

成功人士的特徵首先是他們都有夢想，並且堅信夢想最終定能實現；其次，他們不懈努力，絕不輕言放棄。

迪士尼沒氣餒，他和哥哥在一個廢棄的倉庫裡，又重新成立了一家公司。儘管歷盡了坎坷，但是金子終會發光的，就在這家公司成立的當年，米老鼠在迪士尼的筆下誕生了。此後歷經坎坷，迪士尼又陸續創造出唐老鴨、小木偶、白雪公主和七個小矮人的形象，同時，他先後製作出受人歡迎的動畫短片和動畫長片。特別是製作有聲彩色動畫長片《白雪公主》的時候，他將這部動畫長片設定為一個半小時的長度，而當時的短片大多只有十幾分鐘。這部片子投資巨大，迪士尼不得不把前幾年賺的錢都投進去，還將自己的片廠抵押了出去。這舉動讓所有的人，包括自己的哥哥，都認為迪士尼準是瘋了。

然而，在他人的冷嘲熱諷中，這部在當時看來超長的動畫片大獲成功，票房和口碑得到了雙贏，成為動畫片史上的一個里程碑。

《紐約時報》這樣評價迪士尼：「華特・迪士尼白手起家，僅憑著一點繪畫才能，永遠不被認可的天賦想像力，以及百折不撓的決心，成為了好萊塢最優秀的創業者和全世界最成功的漫畫大師。」

歲月是公正的，正是繪畫的能力、天賦的想像力和百折不撓的意志，支撐起了他生命的輝煌。迪士尼被公認為是一名創意型人才，他的想法雖然一直被懷疑，甚至被嘲笑，但這反而激起了他堅持下去的勇氣。

追求夢想的岔路上，總是要拿出勇氣選擇的，只要我們堅持，就沒有人能阻擋我們的夢想。屈服於逆境，放棄夢想是可悲的。不要因他人的評價而否定自己，要知道，越是被嘲笑的夢想，才越有實現的價值。只要沿著自己的夢想之路走下去，奮鬥不懈，最後就一定會收穫喜悅。

生命不息，折騰不止

人生就像長跑一樣，「折騰」的人生不寂寞，「折騰」的人生注定不平凡。

「作」字，從「人」，從「乍」，意味著人突然站起來要開始幹點什麼。這就是說，如果我們想要到達遠方，就必須先站起來，出發，作，才能到達。事業並無大小，大事小做，大事會變成小事；反之，小事則會做成大事。活魚都是會逆流而上的，死魚才會隨波逐流，不進則退。

生命的意義在於折騰，於是我們嘗試，一次又一次，有的人是溫水煮青蛙，有的人是飛蛾撲火，有的人是破繭成蝶，結果雖總是千差萬別，但卻都勇於嘗試過，折騰過。世界上最美好的東西，都是由肯於努力的手做出來的。

有的人，「創業路上受過委屈白眼，卻從不忍氣吞聲，在不斷折騰中散發出濃濃的正義與情懷，是我們這個時代的榜樣」。我始終相信，越有生命力的人越愛折騰，越能折騰的人，命運就越跌宕起伏，但也越會產生奇蹟。

在一次國際馬拉松比賽中，獲得冠軍的選手被記者團團圍住，當有人問他是什麼支撐他跑完四十多公里的時候，他講了自己的這樣一次經歷。

他讀中學的時候，參加過人生中的第一次馬拉松比賽，然而，就是那次馬拉松讓他懂了很多。

比賽剛開始的時候，年輕的他跑得飛快，但是還沒跑到一半，雙腿就變得沉重無比，速度也漸漸慢了下來。這時，一輛專門負責接送那些跑不動的選手的車子從他身邊緩緩駛過，看著車子上的座位，他差點決定放棄比賽，上車好好休息，不再折騰自己了。但是這個想法只是轉瞬即逝，因為他一想到這是自己的第一次比賽，就打消了半途而廢的念頭。於是，他繼續向終點緩慢地跑著，慢得不比走路快多少。

校車又一次從他身邊經過，他還是沒有登上校車，他想：大概也快到了吧！於是還是選擇繼續往前跑。當他連走路的力氣都沒有了的時候，他來到了一個小山坡下。這個小山坡對於已經筋疲力盡的他來說，就像是巍峨的高加索山，他覺得自己再也不可能爬得過去了，於是才筋疲力盡地登上了又一次從身邊緩緩駛過的校車。

他剛喘了幾口氣，便透過車窗，看到了終點。原來翻過這個山坡就到了終點——剛才只要再堅持一分鐘，他就能完成比賽。這時的他，後悔得腸子都青了。

從此以後，他每次只要感覺到自己跑不動的時候，就會對自己說：「再堅持一分鐘，快到終點了！」正是這句話支持他跑完了一次次的馬拉松，最終讓自己跑上了世界冠軍的領獎臺。

人生就像長跑一樣，「折騰」的人生不寂寞，「折騰」的人生注定不平凡。只有「偏執狂」才能成功，因為他們敢於不計代價地去折騰。只要有目標，有方法，他們就敢於去做，就算暫時遭遇挫折，也能把它當成成長中的階梯！

很多人不願意努力的原因是，認為自己不具備某種能力。可是我們要知道，能力不是天生具備的，都是在折騰中漸漸擁有的。每個人生下來都是不會說話，甚至不懂別人說話的意思，只能揣摩，可是最後不也是跌跌撞撞地學會了說話嗎？每個人剛出生時，連脖頸都立不起來，只能哭鬧著劃拉小手小腳表達自己的不滿情緒和訴求，可是終究不也是學會了走跑跳蹦了嗎？

放下一切思想上的包袱去「折騰」吧！很多能力都是可以通過努力，或者說是「折騰」發展起來的，不付出行動才是生活平庸的唯一原因。我選擇與生活死磕到底，那麼你呢？要一起來嗎？

人生最寶貴的東西就是生命，生命只有一次，相同的時間裡，比別人體驗更多，你就擁有更多。趁著年輕，趁著時間與身體還允許你行走，請珍惜你上場的機會。遠方若是吸引你，那就去「折騰」吧！

成功與平庸之間，只隔了一個目標

傑出人士與平庸之輩最根本的差別，並不在於天賦，也不在於機遇，而在於有無人生目標。

有一天，寺院要擴建殿堂，有一棵銀杏樹佔了很大的地方，需要移栽，方丈命兩個弟子去做這件事。

兩人來到樹前開始挖土移樹，剛挖了幾下，一位小和尚就對另一位小和尚說：「師兄，我這把鐵鎬的木把壞了。你等著，我去修一下再挖。」師兄勸他移完樹再修不遲，他說：「那怎麼行？用這樣的鎬要挖到什麼時候啊！」

於是小和尚去找木匠借斧頭，木匠說：「真是不巧，我的斧頭昨天砍東西弄壞了，就讓我用菜刀給你修一下吧。」小和尚聽了說：「那怎麼行，用刀修得又慢又不好，讓我去找鐵匠把你的斧頭修一下吧！」

小和尚帶著斧頭去另一個村子找到鐵匠，鐵匠對他說：「我的木炭剛用完，你看……」小和尚放下斧頭，又去山中找燒炭的人，燒炭的人對他說：「我已經好多天沒有燒炭了，因為找不到牛車去把木料運到這裡來。」小和尚又去找一位專運木料的趕牛師傅，趕牛師傅說：「我的牛這幾天生病了。」幾天之後，當僧人們四處打聽這位小和尚的行蹤時，他正提著幾包草藥匆匆地從一個集鎮向趕牛師傅住的村子中趕去。大家問他買藥幹什麼，他說為牛治病，又問他為牛治病幹什麼，他說要用牛車運木料……挖樹的事，他早已忘到九霄雲外了。

在我們的生活中，每個人都會遇到或者經歷這樣的事。認認真真忙碌，辛辛苦苦奔波，到最後聽到有人問「你在幹什麼」時，卻惘然不知怎麼回答，因為在不斷轉換中，那個最初的目標早已漸漸模糊，以致消失了。

一家研究機構曾對不同種族與年齡的人進行過一次關於人生目標的調查。最後發現，只有百分之三的人能夠明確自己的目標，並知道怎樣把目標落實，這是屬於精神充實的一類人；而另外百分之九十七的人，要麼根本沒有目標，要麼目標不明確，要麼不知道怎樣去實現目標，這是屬於精神空虛的一類人。

十年之後，這家研究機構對上述物件再一次進行調查，結果令人吃驚：原來百分之九十七的那些人，除了年齡增長十歲以外，在生活、工作、個人成就上幾乎沒有太大的起色，還是那麼平庸；而原來與眾不同的百分之三的人，由於有了明確的人生目標，都在各自的領域裡取得了成功，他們十年前提出的目標，都不同程度地得以實現，他們正在按原定的人生目標走下去。

原來傑出人士與平庸之輩最根本的差別，並不在於天賦，也不在於機遇，而在於有無人生目標。

對於沒有目標的人來說，歲月的流逝只意味著年齡的增長，平庸的他們只能日復一日地重複空虛的生活。很多人都有過失業或者無事可做的時候，這段時間他們就會覺得日子過得很慢，生活也會空虛。有過這種經驗的人都會知道，有事做不是不幸，而是一種幸福。因為那不僅僅是一份工作，它還是一個信念，一個目標。有了這種信念，人就不會空虛。

目標就是構築成功的磚石，沒有線路圖什麼地方也去不了。所以，我們可以把想做的事寫出來，放在皮夾裡，常拿出來看看，時刻提醒一下自己。

別讓急躁害了你

我們不僅要學會奔跑，還要學會忍耐和等待。

有個很多人都很熟悉的故事：一位少年，渴望練就一身超群的劍術，便千里迢迢來到一座高山，求教於一位劍豪。

這位少年一心想早日成名，便問：「我決心勤學苦練，請問師父我需要多久才能學成下山？」師父答道：「十年。」

少年嫌太長，就說：「假如我全力以赴，夜以繼日練習，需要多長時間？」師父說：「大概要三十年。」

少年大吃一驚：「為什麼全力以赴反而要三十年呢？」師父笑而不答。

少年又說：「若我決定不惜一切代價，拚死拚活地修鍊呢？」

師父說：「那麼，你至少得跟我學七十年。」少年冥思苦想，良久，終於大悟：這便是欲速則不達的意思。

俗話說得好，心急吃不了熱豆腐。很多事情，欲速則不達。但是，由於時間的有限性，我們只有盡可能快地經歷，才有可能經歷更多，於是急躁就產生了。

我們時常看見這樣一些人：

他們不願意排隊——去超市買東西，左顧右盼，總想找一個最短的隊，有時候竟不顧眾人厭惡而插隊；看到別的佇列行進得快一些，就後悔自己沒有選好隊伍。

他們等不了紅燈——十字路口遇到紅燈，不是耐心等待，而是猛搶快行；開車時，總覺得前面的車太慢，一有機會就變道超車。

他們離不開手機——打電話、上網、發短信……手機沒隨身帶著就心煩意亂；手機隨身時，時不時拿起來看是否有新資訊或未接電話，生怕有什麼遺漏，哪怕只是聽見別人手機響，他們也會下意識地看下自己的手機。

他們受不起委屈——被別人批評一下，心裡就會產生劇烈的波動，十分不痛快，千方百計地尋求報復和反擊；他們對別人的任何一點過錯都不能接受，缺少包容心。

他們放不下身段——工作時總想投機取巧，走捷徑，不願意考慮該怎樣循序漸進地解決問題；做學術時，不是踏踏實實搞研究，而是東拚西湊，搭花架子。

雖然說人生目標高，生活節奏快，是一種積極向上的表現，但隨著節奏不斷加快，對自己的要求越來越高，生活壓力也越來越大。

一些人攀比心理重，幹事急於求成，過於追求財富和地位，久而久之，負面情緒就把我們湮沒了。

急躁使得我們為儘快達到目的，往往不經過仔細考慮或準備就行動，缺少耐心。浮躁使得我們面對變化中的社會，心中無底，不知所措，盲目恐慌，專注度不夠，急功近利，這山望著那山高，為追速度、求效率，不願意遵守規則，在求學、升職、掙錢等方面抄小道，甚至不惜代價地投機。暴躁使得我們盲目冒險，缺乏理性，一不順心就激動、憤怒、爭吵，大打出手，甚至引發暴力事件。一切急於求成的情緒活動都產生於我們的自我優先權。個人的自我中心意識使我們把自己看得比誰都重要，認為我們比誰都該更快地達成欲求。若我們的欲求不能如願以償地達成，比如一些需要假以時日的欲求，我們希望立馬實現，一些不大可能實現的欲求迫切期待實現，就會導致我們衝動，行事不顧後果。

心急帶來的往往是粗心、遺漏、衝動、準備不周。

我們都知道，忙中最容易出錯，越急錯得越厲害。一個朋友，計畫搭飛機來北京洽談一項重要事務。他素來是個急性子，辦什麼事都風風火火的。這天，由於臨時要解決一件事，所以延誤了他的出行時間。事情辦完後，他急匆匆地向機場趕去，有點晚了，於是決定叫車。可不趕巧，那條路上出了車禍，他的車在車堆裡進退不得，於是他只得下車，走了十多分鐘到地鐵裡，一時走神，又坐反了方向。下車後，好不容易上氣不接下氣地到了機場，他卻又發現身分證在剛才轉帳時落在銀行了。如果他一開始就慢慢來，仔細檢查自己的一切資料，然後再去坐地鐵，是完全可以坐上飛機的……

急於求成反而讓人失去了原本擁有的東西：一對幸運的夫婦因為得到一隻每天都生一個金蛋的雞，所以他們很快就富了起來，但他們覺得自己致富的速度還不夠快，總想一下子就獲得一大筆財富。他們猜想，這隻雞的內臟一定是用金子做的，所以他們決定把牠殺死，以便取出裡面的金子。但當他們把雞的肚腹剖開後，卻發現這隻雞與一般的雞沒什麼兩樣。他們不僅沒有像自己所希望的那樣成為暴發戶，而且還失去了日進一個金蛋的收入。

解決急躁的辦法有兩種：鍛鍊自己的意志力，學會安排持續而健康的行為計畫並且去執行它；在等待的時間裡讓自己有事可做。

人生雖然短暫，但也有足夠的時間去完成自己的理想。實現理想是一個漫長的奔跑過程，不要奢望一步到位，也不要因為暫時的落後而灰心。我們不僅要學會奔跑，還要學會忍耐和等待。

事情是一步一步完成的，任何結果都有一個從播種、開花到收穫的過程；而過程中也會有各種意外，只要我們盡了人事，便可用平常心來看那結果。

PART —— 5

每一份成功後面，都有愛的力量

當愛召喚你們的時候，跟隨著他，
雖然路程艱險而陡峻。

把讚美當成給別人的最好禮物

一句誠懇的讚美可以激發一個人隱藏的潛能，讓他振奮精神，超越自我，獲得巨大的成就。

美國著名心理學家威廉‧詹姆斯說過：「人性深處最深切的渴望，就是渴望別人讚美。」這跟馬斯洛的心理需求理論不謀而合，人的心理最高的需求就是獲得尊重和實現自身的價值。我們讚美一個人就是直截了當地去承認他的價值，讓他獲得自我認同的滿足感。

讚美的態度，首先對小孩子的成長教育非常有幫助。每一個孩子都有他的優點，雖然孩子的天資有別，學習事物有快有慢，學習成績也有高有低，但判斷一個孩子的好壞，不能只取決於一個方面。做為家長，不能只憑長相、成績等某個方面就認定自己的孩子不如別人，沒有出息，而是應該善於發現他們的優點，發現他們與眾不同的地方，要始終相信自己的孩子是優秀的，積極地讚美自己的孩子，讓他們有信心繼續發揮自己的優點。

成功學家拿破崙‧希爾從小被認為是一個壞孩子，家人和鄰居甚至認為他是一個應該下地獄的人，無論什麼時候出了什麼壞事，他們都認為是拿破崙．希爾幹的。拿破崙．希爾也因此破罐子破摔，一心要表現得比別人形容的更壞。

希爾的爸爸再婚了。他把繼母帶進家門，愉快地為她介紹家裡的每一個人。當介紹到希爾時，爸爸用略帶厭惡的口氣說：「這是家裡最壞的孩子。」

希爾充滿敵意地看著繼母，繼母卻說了一句讓希爾終生難忘的話：「最壞的孩子？我寧願相信他是一個優秀的孩子。只是你們沒有發現他的優點罷了。」這個眼睛裡閃爍著柔和光芒的女人用這一句話改變了希爾的一生。

這句話算不上豪言壯語，只是一句普通而平實的肯定。可正是這句普通而平實的話，把正陷入絕望和自暴自棄中的希爾拉出了命運的泥潭。

拿破崙．希爾從此開始改正自己的缺點，發奮學習，最終成為了著名的勵志大師。

人都是有優點的，只要父母願意以一雙愛的眼睛去欣賞孩子，每一個孩子都是值得父母驕傲的。父母在教育孩子的過程中，最容易犯的錯誤是將自己孩子的短處和別人孩子的長處相比，甚至把別人的孩子過度地美化和誇張。也許父母這樣做的出發點是好的，是想給自己的孩子樹立一個榜樣，可事實上卻給孩子帶來巨大的傷害，甚至會影響孩子的一生。

更重要的是，孩子往往對父母的評價十分敏感。如果父母愛他、喜歡他，孩子通過父母的眼神就能感受得到。一旦孩子接收到這些愛的資訊，父母說什麼他都能聽到心裡去。這時，教育也變得輕鬆和容易得多了。

在一個人事業的起步期，如果能得到外界真誠又恰當的欣賞和讚揚，將會大大觸動他的潛能的發揮，甚至改變他的一生。

俄國作家杜思妥也夫斯基寫出自己的第一部小說《窮人》後，由他的同學格裡戈羅維奇帶給詩人涅克拉索夫。當天晚上，涅克拉索夫讀這部稿子一直到深夜，讀完後深受感動。凌晨四點，具有浪漫氣質的涅克拉索夫拉著格裡戈羅維奇，非要去看望杜思妥也夫斯基不可：「他睡覺算得了什麼，我們叫醒他，這比睡覺重要！」

第二天，涅克拉索夫帶著《窮人》的書稿去見編輯別林斯基，一進門就大聲地說：「新的果戈里出現了！」

別林斯基開玩笑地說：「你們那裡的果戈里跟雨後春筍一樣多！」但是，別林斯基還是將書稿收下，仔細讀了一遍。當天晚上，涅克拉索夫再去見他，別林斯基立刻激動地迎上去：「帶他來，儘快帶他來！」

涅克拉索夫帶著杜思妥也夫斯基去見別林斯基，別林斯基對杜思妥也夫斯基說：「你自己是否瞭解，你寫出了一部什麼樣的作品啊？」他熱情地讚揚了這部書，並預言杜思妥也夫斯基未來一定會成為一個偉大的作家。

別林斯基的話給了杜思妥也夫斯基極大的鼓舞。杜思妥也夫斯基晚年時在回憶錄中寫道：「我離開他的時候，心都醉了。在他家的拐角處停了下來，仰望明朗清澈的天空，看著來往的行人，我整個的身心都感覺到，我一生中的重大時刻，影響終身的轉折來到了……」

讚美就有如此神奇的力量。在合適的時機，一句誠懇的讚美可以激發一個人隱藏的潛能，讓他振奮精神，超越自我，獲得巨大的成就。讚美的力量還不僅於此，讚美還是批評的良藥。

美國總統約翰・喀爾文・柯立芝有一位女秘書，人長得非常美，工作上卻經常出現差錯。一天早晨上班時，柯立芝看見秘書走進辦公室，對她說：「今天你穿的這身衣服真漂亮，正適合妳這樣年輕美麗的小姐。」女秘書受寵若驚。柯立芝接著又說：「但妳也不要驕傲，我相信妳的公文處理也能和妳的人一樣漂亮。」果然，從那天起，女秘書在公文處理上就很少出錯了。

有時，直接的批評不但不會改變現狀，反而會招致憤恨，使情況進一步惡化。但當我們聽到他人對自己的優點加以稱讚之後，再去聽一些不愉快的話，情形就會有所不同，心裡也覺得好受多了。

生活中的每一個人，都有自尊心和榮譽感，你對他們真誠的表揚與贊同，就是對他自身價值最好的承認和重視。

韓國某大型公司裡有一個清潔工，平日裡被人忽視，但他卻在一天晚上公司保險箱被竊時，與小偷進行了殊死搏鬥，最終保護了公司的財產。

事後，大家議論紛紛，覺得他的這種行為不可思議，也不知道他見義勇為的真正動機。當人們問起他時，他的回答出乎所有人的意料。他說：「當公司的總經理從我身旁經過時，總會讚美我說『你掃的地真乾淨』，這就是我跟盜賊殊死搏鬥的原因。」

當你給人以誠懇的鼓勵時，對方就會覺察出你的誠懇態度，這樣，你便得到了他的信任。而且他會感覺得到了你的理解，他的自尊心就會增強，就有勇氣、有信心去做到更好。無論你是教育子女，還是處理同配偶和家庭的關係，或是在工作當中與人相處，誠懇的讚美都能加強你們之間的交流，最終讓你擁有一個幸福溫暖的人生。

安徒生童話裡有一個故事叫《老頭子做事總不會錯的》，講的是鄉下有一對貧窮的老夫婦，他們想用家中唯一值錢的那匹馬去集市換回來一些更有用的東西。商量妥當後，老頭子就牽著馬趕集了。

老頭子先用馬跟人換了一頭漂亮的母牛，又用母牛換了一隻羊，再用羊換了一隻鵝，又用鵝換了一隻雞，最後竟用雞換回了一大袋爛蘋果。他扛著這一大袋爛蘋果在酒館裡休息的時候，遇見兩個英國人，他們聽了老頭子趕集的經過後，說他回家一定會被老太婆狠狠地痛打一頓，老頭子卻說：「肯定不會，我將得到的不是一頓痛打，而是一個吻。」兩個英國人說什麼也不相信，最後用一斗金幣和他打賭，然後三個人一起回到了老頭子家裡。

回到家裡，老頭子把趕集的經過告訴她。老太婆的臉上沒有一絲不愉快，老頭子每講到換來的一樣東西，她都表示贊同：「感謝上帝，我們有牛奶可以喝了。」

「哦！我們不僅可以有羊奶，羊毛襪子，還可以有羊毛睡衣。」

「今年的馬丁節可以吃烤鵝了。」

「太好了，我們將會有一大群雞了。」

「哦！太好了，今晚我們就可以吃到蘋果餡餅了。」

說完老太婆響亮地親了老頭子一下。兩個英國人很爽快地付了他們一斗金幣。他們說：「我們喜歡看到這樣的情景。」

是的，老太婆對老頭子的讚美全是出自真誠，並不是僅僅為了安慰丈夫而說的違心之話。因為她知道老頭子所做的每一次交換都是為了讓她更快樂，都是出自對她的愛。而相對於這樣美好的感情，物質的一點點得失又算什麼呢？

感恩之心將為你開啟一扇大門

懂得感恩的人，心地是善良的，心胸是開朗的，與人的關係是融洽的。這樣的人，才容易取得成功。

艾文，這個初來北京的新人，躺在床上筋疲力盡。幾週前他搬來，而此刻，熙攘熱鬧的北京不再讓他興奮了。

他一直渴望憑藉自己充滿激情的創造力，在雜誌界闖出一片天地，徹底結束低技能、低薪水的助理編輯工作。可是，這個目標至今仍遙不可及，他租不起房子，只好和朋友擠在一間屋子裡睡，依靠朋友的接濟來生活，艾文的心裡非常難過。

在這個週六的早上，他一邊胡思亂想，一邊賴床。可是，今天還要加班，即將出版的雜誌上有幾張圖還需要重新排版。

他行走在城市的街道上，寒氣襲來，天灰濛濛的。

「在這座城裡，我仍然一無所有。不過從這一刻起，我要想辦法讓自己高興起來。」他自言自語道，「我要看看周圍有沒有讓我感覺心情不錯的東西。」他抬起頭環顧四周。

他看見一位年輕的媽媽推著嬰兒車在人行道上散步。看著小男孩胖乎乎的臉蛋，讓艾文忍不住笑了：「謝謝你，小傢伙，讓我這麼開心。」

他仰望天空，一架飛機從頭頂飛過：「飛翔的感覺肯定棒極了！」

在小吃攤前，雞蛋灌餅發出「滋滋」的聲音，真香！賣煎餅的阿姨笑著看他，美味照亮了他的內心，他情不自禁地用手機拍下一張照片，發到微博上。對這個陌生的城市，他的內心第一次萌生了感動。

「我原來是住在一個多麼可愛有趣的地方啊！這生機勃勃的一切，喚醒了我的內心中的激情。謝謝你們！」艾文說。

後來，不管何時，當艾文感到鬱悶，只要他到街上看看，轉轉，心情就立刻好多了。如今，艾文已經成為一家傳媒公司的老闆，他認為自己的成功，完全得益於自己多年來一直不懈的「感恩」。

感恩是成功的第一步，感恩之心是一粒奇妙的種子。假如我們不只懂得珍藏，還懂得播種，就能給別人帶來喜悅和希望。在生活和工作中，我們或多或少都獲得過他人的幫助，受到過別人的恩德。可我們能否記住這些，並因而多一些感恩之情呢？一顆感恩的心來自對生活的熱愛和感激，來自對擁有的知足和珍惜。擁有感恩之心的人，就能更好地體驗生命的美妙，收穫更多的幸福。

什麼是感恩？《牛津詞典》的解釋是：樂於把獲得益處的感謝表達出來並且回饋

別人。人生在世，哪怕是所謂的「孤膽英雄」，他們的思想和行為也不會得不到外界的任何幫助。每件小事的成功，都離不開上級、同事、家人的支持與幫助。所謂養育之恩、知遇之恩、救命之恩，就是這個道理。

每一天，我們碰到的每一個人——老闆、同事、客戶、家人等，都值得我們去感恩。懂得感恩的人，心地是善良的，心胸是開朗的，與人的關係是融洽的。這樣的人，才容易取得成功。

一家外商公司的公關部打算招聘一位員工，經過層層的篩選，最後還剩下五個候選人。公司通知他們，聘用誰，要開會討論通過才能決定。

幾天後，五人中的一個女應聘者的電子信箱裡收到一封公司人事部發來的郵件。郵件裡說，該應聘者落選了，其實公司比較欣賞她的學識和氣質，只是因為名額所限，實是割愛之舉。公司以後若再有招聘資訊，會優先通知她……另外，為感謝她對公司的信任，還寄去公司的電子優惠券一張。

這位女應聘者在收到郵件的一刻，十分失望，但又被公司的誠意所打動，便順手花了幾分鐘的時間，用電子郵件回復了一封簡短的感謝信。

兩個星期後，這個女孩被正式錄用為該公司職員。後來，她才知道這是公司招聘的最後一道考題。五個人當中，只有她一個人回了感謝信。她成功了。

有時候，感恩不一定要感謝大恩大德，一個微小的細節，也可以體現出感恩的美德。那位女孩成功，是因為她具有一顆感恩的心。儘管遭遇了挫折，但她懂得用寬容去理解別人，用真誠去感恩別人。這樣的人，無論從事哪種工作，都更容易取得別人的信任和支持，更容易獲得成功。試問，公司又怎麼會不要這樣的人才呢？

感恩是一種行動，它能讓一個人變得更加友善合群，更加富有同情心。感恩的人，平時很少鬱悶、嫉妒和焦慮，他們的思維非常清晰，遭遇困難的時候寬容大度，承受工作和生活壓力的能力也更強。同時，這種感恩也會讓人更願意幫助他人，由此更加容易與人和諧相處。這樣繼續下去，就會形成一種良性迴圈。總之，感恩的人更容易達到理想的生活狀態。

一個人如果每天都有意識地去感恩，哪怕只用短短幾分鐘時間，就能為自己的身體灌入巨大的能量，長期堅持，就會出現意想不到的效果，你的人生面貌也將發生全新的變化。

總之，你要相信，感恩之心將為你的生命開啟一扇神奇的大門，發掘出你無限的潛力，未來的你也將擁有更好的前景，更美的人生。

成功拚的還是人品

賺錢的秘訣很多，而真正成功的人，賺取更多的是人心。

我們熟知的「結草報恩」，講了這樣一個關懷人、尊重人的故事。秦桓公出兵攻打晉國，晉軍和秦軍在輔氏這個地方大戰，秦國將軍杜回特別勇猛，他不乘馬車，率領幾百名步兵精銳拿著斧頭專門砍晉軍的馬腿，神勇無敵。晉國將軍魏顆一籌莫展的時候，突然看見一位老人用長長的草繩絆住了杜回，杜回摔倒了，被魏顆俘虜，秦師大敗。

這位老人是誰，怎麼會出現在戰場上？原來，幾年前，魏顆的父親魏武子很喜歡一名小妾，他剛生病的時候，對魏顆說：「這名小妾還年輕呢，如果我真死了，你就把她重新嫁出去吧！」沒多久，魏武子病重，他又對魏顆說：「我很喜歡這名小妾，我死了以後，讓她給我殉葬吧！」

魏武子去世了，周圍的人嚷著讓小妾殉葬，可憐的小妾流著眼淚，渾身直打哆嗦。關鍵時刻，魏顆說：「人在病重的時候，神智混亂，說的話不能當真，應該按照父親清醒時候的話來辦。」於是，他主張把那名小妾嫁給了別人，保住了她的一條性命。

這名用草繩絆住杜回的老頭就是這名小妾的父親。他感激魏顆救了他的女兒，便用這種方式來報答他。

得道多助，失道寡助。政治上這樣，軍事上這樣，商業上也是這樣。尊重生命，尊重他人的利益的人，必定會得到人們的認可。

二十世紀初，去美國的移民非常節儉，他們儘量把每一分錢都積攢下來，藏在被褥下，碗櫥裡，或是交給信得過的人保管。於是，一家專門吸引移民小額存款的小銀行誕生了。銀行的名字叫芝加哥西方儲蓄銀行，行長叫法蘭西斯科・羅迪。可就在一九一五年耶誕節前夕的一天，三個蒙面歹徒持槍將羅迪的銀行洗劫一空。

消息傳開後，儲戶們蜂擁而至，紛紛要求提款。雖然羅迪盡了最大的努力兌付，但還是無法支撐，最後只得宣告破產。他統計了一下，銀行的兩百五十位儲戶，共損失了1.8萬美元。一位銀行家同情地對羅迪說，銀行遭劫，按規定可以免債，既然已經宣佈破產，存款就不用還了。可是羅迪說：「雖然法律是這樣規定的，不過別人出於信任，才來我這存錢，我不能不尊重這份信任，這債務我一定要歸還。」

為了還債，羅迪白天殺豬，晚上為人補鞋，還讓年齡大一點的孩子在街上賣報。就這樣，一家人省吃儉用，一筆一筆地積累錢，再一筆一筆地償還。羅迪立下了一個還錢順序，就是先還最困難的儲戶：一位身患重病的寡婦無力撫養孩子，她曾在羅迪這裡存了三百七十五元，羅迪首先還給她一百元，然後每月還她十元，讓她付得起房租；一位儲戶欠了稅，有坐牢的可能，二十年前他在羅迪的銀行存了一筆錢，羅迪還了他的存款，使他免受牢獄之苦。由於時間太長，有的儲戶因地址變更聯繫不上了，羅迪就在當地報紙上刊登廣告，尋找存款人。

一天，正下著大雪，羅迪接到一個電話，有人告訴他，有一對老夫婦曾在銀行存過錢——他們現在的生活困難極了。羅迪立即冒雪前往，找到老夫婦時，發現他們家裡一貧如洗，沒有煤取暖，冷得像冰窖。

羅迪在談話中驗證了他們的確是他的儲戶，然後說明了還錢的來意。老人喘息著說：「我的錢的確存在你的銀行裡，但知道銀行破產後，我沒有保留任何證據，沒有存摺，也沒有帳單。」

「你不用任何存摺和帳單。」羅迪說。

一九四六年的耶誕節前夕，在芝加哥西方儲蓄銀行被搶三十一年以後，羅迪終於還清了兩百五十位儲戶1.8萬美元的存款。羅迪決定重操舊業，銀行又重新開始營業了。羅迪的孩子們向過去所有的儲戶或他們的親屬寄出一張聖誕賀卡，賀卡上這樣寫著：

請接受來自羅迪全家的節日問候：

法蘭西斯科・羅迪經營的西方儲蓄銀行一九一五年遭劫後被迫停業，但當時曾承諾日後必歸還存款。經過多年的奮鬥，我們兌現了當初的承諾，已還清了全部存款和利息。現西方儲蓄銀行重新開業。

祝大家聖誕快樂！

羅迪閣家敬賀

一九一五年至一九四六年

賀卡發出後，散居在美國各地的老儲戶，不管道路有多遠，都特地來到紐約，把錢存到羅迪的銀行。同時，他們還把自己的親戚和朋友也都介紹到這裡來存款。在短短的幾年時間內，羅迪銀行便發展成美國名列前茅的私人銀行。

一家破產之後重開的銀行能夠迅速在美國銀行業佔據一席之地，很顯然是因為羅迪的做法感動了大家。他尊重儲戶的利益，尊重自己的職業操守，換得了別人對他和他的事業的尊重和信任，因此得到了很多人的幫助，最終東山再起。

經商或打工，都有賺錢的目的，但如果只是本著賺錢的目的去做事，也許在短期內能夠賺到一些錢，但是從長久來看是沒有大發展的。賺錢的秘訣很多，而真正成功的人，賺取更多的是人心，是「得道多助」的「道」，說白了，拚的還是人品。

愛情不只與外表有關

不要在「忽視」與「重視」的較量中，只顧去抓眼前的東西，而放棄了長遠的東西。

親戚朋友給你介紹對象，只能依據能具體衡量的東西來選擇，比如家庭條件、工作單位、薪水收入、住房情況、身高長相……但如果你說：「身高長相不重要，關鍵要順眼；性格脾氣不重要，關鍵要合拍；經濟條件不重要，關鍵要價值觀一致；興趣愛好不重要，關鍵要有話可聊；脾氣好不好不重要，關鍵要我喜歡，對於喜歡的人，即使他在發脾氣，我也會覺得很可愛……」如果你需要的東西，無法用具體的標準來衡量，恐怕就沒人給你介紹了。

什麼叫「具體的標準」？其實很簡單：

外在的、物質性的東西，大多有「具體的標準」。

內在的、精神性的東西，大多沒有「具體的標準」。

比如「美」。女人都希望自己美，最好是所有男人都認為自己美。如果做不到這一點，退一步說，至少要自己的男朋友、老公認為自己美。那麼，什麼叫「美」呢？這是一個很複雜的問題，可以從兩個角度來探討。

第一個角度是外在的、物質性的。

在這裡，美有具體的衡量標準。不會有人認為「鷹鉤鼻子、蛤蟆嘴、麵包屁股、羅圈腿」的人是美的。反過來，四大美女（西施、王昭君、貂蟬、楊玉環）會被所有人視為是美的。比如楊玉環，即使在喝酒後，肌膚也不會暗淡，反而會變得更光滑細嫩。所以她是集「萬千寵愛於一身」。外在的美就是肉體的美，包括臉蛋的輪廓、五官的比例、三圍的尺寸、皮膚的細嫩程度……

但問題是，這些東西基本都是天生的，自己不能做主，「是我媽把我生成了這個樣子，又不是我自己想長成這樣」。很多女人為此而痛苦。哪裡有需要，哪裡就蘊藏商機。所以商人們想出了很多辦法：美容、護膚、減肥、清腸、隆胸、整容……這些做法能讓外表變得更好。

平時我們都說「不要以貌取人」，但現實中似乎沒有人能百分之百做到不以貌取人。尤其是對於被稱為「視覺動物」的男人來說，在看女人時更是如此。所以，一個女人的外表變好後，一定會為自己加分。但是，外表變美了，並不能讓不愛你的人愛上你，因為愛情不只與外表有關。

第二個角度是內在的、精神性的。

在這裡，美也有具體的衡量標準。比如某些女人雖然長相一般，但就是男人緣好。

究其原因，用一個詞形容，就叫「有女人味」；再用一個詞形容，就叫「嫵媚」。這種「味」不是指她身上發出了什麼香味，男人們用鼻子聞到後，便都願意接近她。這種「味」不是物質的，而是精神的。反過來，很多女人身上有「假小子」的味道，她們對男人的吸引力一定不如前者。所以如上文所說，「美也有具體的衡量標準」。但在更多的情況下，美沒有具體的衡量標準。比如「有女人味」的女人，她們的女人味在原則上會吸引所有男人，但是在被她們吸引來的男人中，並不是所有人都會心動。這些男人中的一部分只會「身動」，想和她上床，但心並沒有動。反過來，某個男人見到那個「假小子」時，並沒直接「身動」，但卻心動了。

上面把「物質性」與「外在」兩個詞聯繫到一起，因為兩者相通。外在的東西容易被觀察到，容易被衡量，容易被評價。但也正是因為種種的「容易」，所以是膚淺的。就如同一個男人對一個女人說：「我愛妳，因為妳的肉體太好看了。」這個女人在高興的同時，心裡可能會有隱隱的不安全感。因為比她的肉體更美的人多得是，如果這個男人只愛她的肉體，這個愛就是膚淺的。膚淺的東西是不牢固的，這個男人可能在明天就愛上了肉體比她更美的女人。

上面把「精神性」與「內在」兩個詞聯繫到一起，因為兩者相通。內在的東西不容易被觀察到，不容易被衡量，不容易被評價。但也正是因為種種的「不容易」，所以是深刻的。就如同一個男人對一個女人說：「我愛妳，因為我愛妳的靈魂。」這個女人在高興的同時，可能會有隱隱的失望——似乎男人不喜歡她的外表。但同時她也知道，靈魂是每個人獨有的，所以這個愛是深刻的。深刻的東西更為牢固，即使會變化，也不像外表變得那麼快——摔一跤，臉蛋破了，別人就不喜歡了。

最佳的愛情是既愛外在，也愛內在；既愛肉體，也愛精神（又叫性格，或靈魂）。但是，內在的、精神的東西不容易被觀察到，不容易被衡量，不容易被評價。更重要的是，一個人在任何情況下，都不會知道哪個異性在見到自己後會愛自己的精神。在這裡，人變得沒有自主權，只能被動等待，似乎完全不能掌控自己的命運。所以，很多人便將精神忽視掉，只重視肉體的美化。因為在面對肉體時，人變得有了自主權。只要有錢，就能得到這種自主權。

不要在「忽視」與「重視」的較量中，只顧去抓眼前的東西，而放棄了長遠的東西。

不要讓愛情成為遺憾

我以為愛情可以填滿人生的遺憾。然而，製造更多遺憾的，卻偏偏是愛情。

有人說，沒有愛情的婚姻是不道德的婚姻，僅有愛情的婚姻是不現實的婚姻。是的，沒有物質基礎的婚姻，最容易一推就倒，在婚戀中，物質至關重要。沒有錢，怎麼結婚？租房子住，一年搬家一次？孩子生下來沒錢買奶粉，天天喝豆漿？幾年後，孩子沒法上學，怎麼辦？

沒有錢，怎麼能讓女人保持美麗？女人不美了，老公當然容易出去拈花惹草。

不過，有些女人將這個問題擴大化了：除了錢，別的不需要什麼。比如電影《失戀三十三天裡》中有一段對話：

女：「太多優質的小夥子，身邊配著一個這樣的姑娘：張口LV，閉口PRADA……你想跟她談談愛的真諦，她直接告訴你，你給的信用卡能透支的額度，就是她的愛的真諦。」

男：「跟這樣的姑娘談戀愛，省事兒。首先，我知道她要什麼，她的目的特別明確，就寫在臉上，我不用前後左右地去瞎琢磨。我給了，她就開心，相應的，我也能收穫一種滿足感。簡單直接，又俐落又爽快。但如果我跟妳談戀愛，就會很麻煩，我看不出來妳想要什麼。比起一個LV的包，可能一個小盆栽更能打動妳。但我不確定，不確定的事我就沒法去做。我得先花時間揣測妳、觀察妳，然後再出手打動妳。可是這段時間裡，我能做的事兒太多了，意義也遠比談戀愛這件事兒大。我知道說出這些話來，你一定覺得我這人不怎麼靠譜。但其實，和我一樣的男人，一般都有一套自己的體系，不管怎麼犯錯，這套體系不能錯。簡單說，我們要找的老婆是這樣：愛情沒有了以後，我們的關係靠別的東西也能維持。她不要求我給她的愛有多麼專一，她只會要求她那套手工製作的婚紗必須是世界上唯一的一套。對她來說，愛情是奢侈品，LV是生活必需品。而對妳來說，可能LV是奢侈品，但愛情是生活必需品。LV集團不會突然倒閉，但愛情這東西可是說沒就沒的。我總得確定我有資源能一直提供，對吧？從這個角度想，我還是很靠譜的。」

這是一個極端性的例子，大多數女人都不是故事裡的女人，大多數男人也不是故事裡的男人。不過，借這個極端的故事，可以發現一個道理：越重視外在的東西，越容易被別人控制。

所謂「外在」，也可以理解成「物質」。再簡單一點說，就是錢。外在的東西可以分為很多層，有的對人有直接的吸引，有的有間接的吸引。而錢位於其中最直接、最明顯的那一層。它對人的吸引不需要經歷什麼「階段」，不需要按某種「步驟」一步步推進，而是可以立竿見影，瞬間便見效果。

想不被外在的東西控制，就要內心強大。但有句話說：「所謂忠誠，只是因為遇到的誘惑還不夠大。」所以，即使你的內心強大，那麼外在的誘惑只需要更大一點，還是可以搞定你。大多數身居高位的貪官，之所以腐敗，不是因為他們的內心不強大，內心不強大的人是不可能上升到高位的。假設你堅守內心的力度是八十（遠遠高於六十的及格分數線），那麼外在的誘惑只要達到八十一就可以使你動搖，達到九十就很容易使你淪陷，達到一百二十就會使你乖乖束手就擒。那麼，如果是八十萬呢？

馬克思說：「一旦有適當的利潤，資本就膽大起來。如果有10%的利潤，它就保證到處被使用；有20%的利潤，它就活躍起來；有50%的利潤，它就鋌而走險；為了100%的利潤，它就敢踐踏一切人間法律；有300%的利潤，它就敢犯任何罪行，甚至冒絞首的危險。如果動亂和紛爭能帶來利潤，它就會鼓勵動亂和紛爭。走私和販賣奴隸就是證明。」

現在回過頭來，看看淪陷以後的事。比如上面故事裡的女孩，她的需要很簡單，「她的目的特別明確，就寫在臉上，我不用前後左右地去瞎琢磨……她只會要求她那套手工製作的婚紗必須是世界上唯一的一套」。

這種認為只要有錢，就可以立刻滿足她，並控制她的想法，會帶來兩個結果：

一、控制她的人會感到滿足。

「我給了，她就開心，相應的，我也能收穫一種滿足感。」

二、控制她的人可以不受約束。

「她不要求我給她的愛有多麼專一」的意思是：我給了她錢，其他的事情我想怎麼幹就怎麼幹。如果哪天她突然覺醒了，想行使做為老婆的權利，也約束不了我。因為很多人的婚姻與愛情早已形成了不成文的規矩——婚姻是純粹的利益交換。

但是，愛情不能這樣簡單庸俗化，愛情不是交換，不是購買，不是依附，是各自堅強獨立，然後走到一起。

張小嫻說：「我以為愛情可以填滿人生的遺憾。然而，製造更多遺憾的，卻偏偏是愛情。」

之所以會有這樣的感慨，那是因為我們整天忙忙碌碌，像塵世間的灰塵，喧鬧著，躁動著，聽不到靈魂深處的聲音。

別讓利益蒙住了我們的心靈，那樣，自己踟躕在苦澀的孤獨中，也銷蝕了心底曾經擁有的那份純真和熾熱。追逐物質，沉溺於人世浮華，專注於利益法則，只會把自己的靈魂弄丟了。

消滅追求「利」的「癌細胞」

不能因為邪惡的強大，而放棄了對正義的堅守。

前文談到了將婚姻當作純粹的追求利益的後果。

其實，《孟子》一書中，就涉及了這個問題，並提出了防微杜漸的方法，它在開篇便說到「利」的問題。

孟子見梁惠王。王曰：「叟！不遠千里而來，亦將有以利吾國乎？」孟子對曰：「王！何必曰利？亦有仁義而已矣。王曰『何以利吾國？』大夫曰『何以利吾家？』士庶人曰『何以利吾身？』上下交征利而國危矣。萬乘之國，弒其君者，必千乘之家；千乘之國，弒其君者，必百乘之家。萬取千焉，千取百焉，不為不多矣。苟為後義而先利，不奪不饜。未有仁而遺其親者也，未有義而後其君者也。王亦曰仁義而已矣，何必曰利？」

翻譯過來就是：孟子拜見梁惠王。梁惠王說：「老先生，你不遠千里而來，一定有對我的國家有利的高見吧？」孟子說：「大王，何必說利呢？只要說仁義就行了。大王說『怎樣使我的國家有利』，大夫說『怎樣使我的家庭有利』，老百姓說『怎樣使我自己有利』。

「結果是上位的人和下位的人互相爭奪利益，國家就危險了。在有一萬輛兵車的國家裡，殺害國君的是有一千輛兵車的大夫；在有一千輛兵車的國家裡，殺害國君的是有一百輛兵車的大夫。這些大夫在一萬輛兵車的國家中擁有一千輛，在一千輛兵車的國家中擁有一百輛，不能算不多。如果輕義而重利，他們不奪取國君的地位和權力是絕對不會滿足的。沒有一個仁人會遺棄自己父母，沒有一個義人會不顧自己君主。大王只要講仁義就行了，何必談利呢？」

任何一本巨著中，最開頭的文字都是意義非凡的。

比如《老子》的第一句「道可道，非常道」的意思是：能用語言（第二個道）說清楚的道理（第一個道）不是永恆的規律（第三個道）。這句話是對《老子》全書的統領性概括。它表達出了幾層意思：一、本書要說的是永恆的規律；二、永恆的規律不能用語言徹底表達清楚，但不用語言又什麼事都幹不了，所以使用語言只是不得已的辦法；三、由於以上原因，只有悟性高的人可以看懂本書，而看不懂的人就隨便翻翻算了。

《孟子》一書也是如此。做為此書的第一篇文章，《梁惠王》討論了孟子思想中最根本、最重要、最核心的東西。簡單來說，就是「德」與「利」的鬥爭。這個「利」

主要包括兩個方面：權力、金錢。當然還有其他的，比如美色、名譽等，但不如這兩個重要，暫時忽略。

追求利不對嗎？不追求利，我們吃啥？喝啥？穿啥？住哪？有錢娶老婆嗎？敢生孩子嗎？有能力養父母嗎？……總之，我們能活嗎？所以，司馬遷在《史記》中說：「天下熙熙，皆為利來；天下攘攘，皆為利往。」不追求利的人是不存在的。如果真有這樣的人，他一出生就死掉了（這也是一種「不存在」）。

追求利會帶來什麼後果呢？會使人們的爭鬥逐漸升級。在升級的過程中，人會越來越不受道德準繩的約束，最終的結果就是毀滅。

這個「毀滅」可以從不同的角度來闡釋：

從社會成員上看，爭奪利的人是分層級的：最高層的是一國之君，次一層的是大家庭（中國古代實行家長制，一個大家庭與一個國家在本質上是一樣的，所謂「家國同構」），最底層的是普通百姓。這三個層級的人對應於原文中的「大王說『怎樣使我的國家有利』，大夫說『怎樣使我的家庭有利』，老百姓說『怎樣使我自己有利』。」不同層級的人在追求利的過程中，帶來的影響是不同的。比如，一個普通百姓追求利，其影響力是很小的，只會觸及自己身邊很小範圍內的人、事、物。但一個國君追求利，那影響力就是全國性的。比如慈禧太后，傾盡全國的財力，只為了給自己過一個生日。

從空間範圍上看，這個毀滅是分層級的：有一千輛兵車的國家的毀滅，有一萬輛兵車的國家的毀滅，有十萬輛兵車的國家的毀滅。這些毀滅都是追求利造成的。

從時間範圍上看，這個毀滅是分層級的：有轉瞬即逝的小型毀滅，有時間跨度大的中型毀滅，有漫長歷史時期的大型毀滅。就如同一只手錶，有三種指標，分別代表不同層次的時間。

不論是哪一種類型的社會成員，哪一個範圍的空間，哪一個範圍時間，爭奪利益帶來的後果都一樣，那就是毀滅原有的秩序。而且這種毀滅是由「內賊」，而不是「外患」導致的。如原文所說：「萬乘之國弒其君者，必千乘之家；千乘之國弒其君者，必百乘之家。」在一個擁有一萬輛兵車的國家中，兵車都歸國君管理。但如果有人造反，帶領一千輛兵車就可以戰勝其他九千輛兵車。看到這裡，大家可能會覺得很奇怪，以一敵九，是怎麼勝利的呢？

如果是一對一的戰鬥，一千輛兵車當然打不過九千輛。但問題是這一千輛兵車是「內賊」，而不是「外患」。就如同放鞭炮，如果你握緊拳頭，把鞭炮放在拳頭外面，鞭炮爆炸後，你的手受的傷並不大。但如果你把鞭炮握在手中，你就慘了。「內賊」也是如此。所以說，「內賊」的破壞力遠大於「外患」。這便有了「萬取千焉，千取百焉」的後果。

大家已經發現了「內賊」的可怕。接下來的問題是：「內賊」是如何產生的呢？很簡單——追求利。追求利不一定直接帶來毀滅，但它帶來的終極結果，一定是破壞自己所在的系統。這個規律有點抽象，下面逐層解釋：

比如，人身上的一個細胞追求利。開始時可能沒問題，但隨著時間的推進，它越來越不受約束，最終就演化為了「癌細胞」。癌細胞具有三大特點：無限增殖、無限轉化、無限轉移。它會一步步破壞周圍的正常細胞，最終毀滅它所處的整個系統（人體）。簡單來說就是：一個癌細胞毀滅了一個人。

再如，一個人追求利。開始時可能沒問題，但隨著時間的推進，他越來越不受約束，最終毀滅他所處的整個系統（可能是一片小範圍的環境）。

又如，一個國君追求利。開始時可能沒問題，但隨著時間的推進，他越來越不受約束，最終毀滅他所處的整個系統（他的國家）。

這兩種情況的本質與癌細胞毀滅人體是一樣的。

癌細胞的本質是什麼呢？四個字——不受約束。任何一個癌細胞在開始時都是正常的細胞，但後來它「叛變」了。它不想受到約束，這種想法發展到極致，便使它轉化成了癌細胞。而根本原因，就是追求利。並不是所有的細胞都會叛變為癌細胞，但只要有一個叛變了，就會蠱惑其他細胞跟著叛變。所以說，對利的追求中，大小是不重要的。只要它產生了，小的就能變成大的，大的就能變成巨大的……

然而，癌細胞是必然要產生的，人是必然要死亡的，任何一個系統都必然要被毀滅。孟子當然知道這個規律，那他為什麼還要去見梁惠王，囉囉唆唆地說那麼多廢話呢？

這就是人活著的意義：不能因為邪惡的強大，而放棄了對正義的堅守。

主動讓一點，沒有什麼大不了

很多時候，主動讓一點，沒有什麼大不了。就算什麼也沒有改變，我們至少也為改變努力過。

子曰：「以德報德，以直報怨。」我對這句話的理解是：對我們好的人，我們也對他好，這是以德報德。對自己不好的人，我們可以像對待一般人那樣，不必對他好，也不必對他壞。沒有偏差，這就是直。對我們不好的人，我們卻對他非常好，這就是所謂的「以德報怨」。但正常人能做到「以德報德，以直報怨」就不錯了。

所以孔子才質問：「以德報怨，何以報德？」是啊，只有一碗飯了，一個是對你好的人，一個是對你壞的人，你給誰吃呢？自然是給對自己好的人吃，對自己壞的人，咱當他是陌生人，雖然同情，無力搭理就不必搭理了。

但是，我想說，「以德報怨」的說法太聰明了。

以牙還牙，以眼還眼固然可解一時之氣，卻會讓彼此深陷在相互傷害的惡性循環裡。《眾經撰雜譬喻．卷下》說得真好：「冤冤相報何時了？」感情上的針鋒相對，不過是你不讓我爽我也不讓你爽。而以德報怨，無疑是終止相互傷害這一惡性循環的唯一法寶。而兩個仇人要成為朋友，必然有一個人要先對人好（即以德報怨）。

在做一次公益諮詢活動時，一個四十多歲的中年男士向我訴苦：他在學校裡搞招聘，學校裡有位女老師，總是跟他過不去，經常到領導那兒打他的小報告。他很生氣，所以也四處說這位女老師的壞話，兩人一見面就吵，弄得學校領導非常頭痛。後來，不知是經濟形勢不好還是學校經營不善，反正要裁員。他害怕了，自己在這個學校裡做了那麼久，如果被裁了，上有老下有小，自己別無所長，離開學校的話，不知道該怎麼生活。要知道他前不久剛為買房子而借了一大筆債，孩子上高中，老婆沒有工作，失去這份工作就失去了他們家唯一的經濟來源。所以，他不想失去這份工作。

但他覺得自己很有可能被裁，因為他經常和那個女老師吵架，學校對他們倆都沒什麼好感。

這個招生老師和很多男士的情況相似，自己能力不強，人到中年，還沒有任何職業建樹，家庭負擔又重，所以嚴重缺乏安全感——老天爺，請你賜給男性主動提升自身能力的意識吧，不要讓他在平庸裡老去，然後默默面對生命的重負；請你賜給女性主動提升自身能力的意識和獨立意識吧，不要讓她在抱怨中老去，不要讓她獨自面對生命的真相。對命運欠缺掌控力的人往往最容易患被迫害妄想症。因為自己的抗風險能力低，所以一點點危險都足以讓他們驚恐萬分。因為擁有得太少，一點點就可能是全部，所以一點點都不能失去，一點點都要萬分周全地保護好。

他們警惕地盯著自己手中那僅有的一點點，只有一個雞蛋，如果摔碎了，被偷了，被騙了，全部依靠就沒有了，所以，他們不敢付出。因為他們知道自己太弱小，不相信自己主動示好、主動付出就會被認可。

他們認為，如果自己的友好被輕視，被辜負，他們自身的價值就會嚴重下降，所以他們也不敢主動而真誠地對人好。

這位男老師就是這樣的人。當我告訴他說這很好解決，請那個女教師吃頓飯，跟她交朋友就行了的時候，他驚訝極了，看我彷彿看到外星人一樣。

他怎麼可能請她吃飯？她傷害他那麼深！他原本以為，可以從我這個免費的諮詢師這裡找到一點平衡心理情緒的方法和對付那女教師的招數，沒想到我卻讓他「以德報怨」！好說歹說半天，他就是怨難平、恨難消，不想主動跟對方示好，不斷地問我除了請客吃飯之外的「好」辦法。

我也著急了，我覺得我說的話多直接啊！他應該立馬理解並認同才是。於是我說，方法已經告訴你了，信不信由你。

他又問，她也恨他恨得要死，就算他願意請客，她也一定不同意，要是她拒絕了怎麼辦？

我說：「她不可能拒絕你，你沒有以一貫的傷害方式去報復她，見到你的邀約，她會意外，然後會去思考你為什麼請她。她會確信你的善意，並且確信你一定經過無數心理鬥爭才有勇氣放下自尊，主動去對一個冤家好——冒著被拒絕的風險。她會同情你的用心，不忍心拒絕你。就算你被拒絕了，她也會感念你的示好，以後不再和你針鋒相對。她拒絕你的最差後果，也不過是你和她的關係還維持原樣。你不去試，哪兒知道究竟會遇上哪種可能？如果試了，你們和解的可能性就有百分之七八十；不試，百分之一都沒有。再說，她拒絕了你，你會少塊肉嗎？」

有些人不罵不醒，真是的，看著他一臉鬱悶的樣子，我其實也是不忍的。我們活得那麼憋屈，不就是因為不想傷害這個人，不想傷害那個人嗎？她的行為又不是變態的行為，只是正常範圍內的自衛性反擊。他很鬱悶地念叨著「不可能」走了。「可憐之人必有可恨之處」，和他講了心理模式，就是不明白。

十多天後，他突然打電話給我，萬分激動：「妳真是個神人，我照妳說的話去做了，我去找她，說要請她吃飯，並且希望兩人解釋清楚誤會，交個朋友時，她很驚訝，然後同意了。我們在餐桌上將過往的彼此傷害一一梳理了一遍，那些傷害竟然成了深入交流、瞭解彼此的最好工具，我們兩人聊了個不亦樂乎。」

我呵呵一笑，這種結果，是完全在預期中的，只是因為我們習慣了等待別人主動示好，所以放棄了自己主動示好以終止相互傷害的可能。

白馬王子不是馬

世界不是桃花源，白馬王子不是馬。閉上眼睛幻想，可以獲得短暫的陶醉。但睜開眼睛後，依舊要面對真實的世界。

當我們沒經歷某件事時，對它的看法很可能是出於想像，但我們卻不這麼認為。若干年後，當事情真的到來時，又突然發現現實好醜惡，內心好失落：「怎麼會這個樣子？」其實就應該是這個樣子，不是這個樣子就不正常了。是我們當初不正常，錯把想像當成現實。

婚前想像一：他愛我，就應該為我改變。

婚後現實一：你可以先反問自己：「我能為對方而改變嗎？」如果你不能，又有什麼權力要求對方為你改變呢？即使有改變，也大都是暫時的，或表面上的。婚姻會讓人變得真實，把曾經改過去的又改了回來。此外，生活中的很多東西是不能改的。比如，他特別喜歡吃辣椒，你特別不喜歡吃，你能為了他而變得喜歡吃嗎？即使親近如夫妻，也要求同存異。如果不能求同存異，誰做妥協？誰來主動迎合誰？生活會告訴你。

婚前想像二：我就是脾氣大，他愛我就應該接受我的這一點。夫妻是「床頭吵架床尾和」的，吵完了冷靜一下，冷戰一會兒，看誰敵得過誰。

婚後現實二：吵架很過癮，但很傷感情，不是罵完就結束了。吵了第一次，一定有第二次，而且第二次一定比第一次更烈。如此惡性循環，便永遠無法從戰火中跳出來。冷戰的問題更嚴重，搞不好，冷著冷著就真冷了。最後會分開吃飯，分開睡覺……沒有感情禁得起時間的摧殘。

婚前想像三：逛街時，我看上了一條三千元的裙子，但我沒明確說要買。一星期後，老公拿著裙子送給我，我感動得熱淚盈眶。不僅如此，所有的重要節日，我都會收到老公的禮物。

婚後現實三：戀愛可以浪漫，結婚必須現實。所以戀愛時很費錢，而結婚後很省錢。戀愛時，男人說：「我現在有一千元，可以花九百元給妳買禮物。」這說明他非常愛妳。結婚後，男人說：「我現在有 一千元，可以花九百元給妳買禮物。」這說明他腦子有問題。婚後，兩個人更像是合夥關係，家庭是共同經營的一個工程。所以要建立一個家庭帳戶，以防不備之需。一個家庭的開支會比單獨的兩個人要多，不能再「有錢就是任性」。

婚前想像四：嫁個有錢人，少吃十年苦。
婚後現實四：常見的情況是：他的錢的支配權在他手裡；他的地契上寫的是他的名字；他的車每天都是由他來開；他的信用卡並不是給妳，讓妳「隨便刷」。

婚前想像五：結婚後，我就不會對別的異性隨便心動了，因為我有家庭的歸屬感、責任感。
婚後現實五：不論是否結婚，某些異性都注定會讓我們心動。如果想不對別的異性心動，唯一的辦法就是不接觸任何別的異性。

婚前想像六：婚後，我生氣了，老公會來哄；我孤獨了，老公會來陪；我煩惱了，老公會來聽我傾訴；我不工作，老公可以養我。
婚後現實六：人在任何時候都是獨立的。就如同沒有一個人能替你吃飯、替你睡覺。不論老公對妳如何好，你們都是兩個人。他工作忙的時候，妳想黏在他身上，只會將兩個人的情緒都搞壞。

婚前想像七：我愛她愛得要命！她身材好到爆，衣服也很潮，渾身飄著香水味，說話讓人骨頭酥……她做什麼都可愛。

婚後現實七：婚後突然發現，她居然也要放屁、拉屎、打嗝、挖眼屎……現實會讓人褪去光環，仙女突然降為凡人。

婚前想像八：老婆應該打理好家裡的一切，比如做飯、洗碗、洗衣服、打掃房間……時不時切個水果，送到我的電腦旁。

婚後現實八：大家都在工作，誰都不輕鬆，誰的壓力都不小，誰的工資都不是可有可無的。

婚前想像九：結婚後可以和對方的父母住在一起，愛他就要愛他的家人。

婚後現實九：理論上應該愛屋及烏，但事到臨頭，你會發現不是那麼回事。婆媳關係遠比你想像中的要複雜。

婚前想像十：結婚後應該儘快生小孩，因為父母讓我生，因為我年齡大了，因為我喜歡小孩……

婚後現實十：一個新生命的誕生，是一件重大的事，不是遊戲。即使有了財力的保障，還要問自己一個更重要的問題：你有能力將他教育好嗎？是否你還沒把自己教育明白呢？

看完上文，你可能發現，用「想像」一詞來形容這些婚前的看法，有點輕了，用「幻想」一詞可能更恰當。世界不是桃花源，白馬王子不是馬。閉上眼睛幻想，可以獲得短暫的陶醉。但睜開眼睛後，依舊要面對真實的世界。如果真實的世界讓你不堪忍受，偶爾鑽進幻想的世界舒服一下也不錯，比如看看韓劇。進入別人的浪漫世界中體驗浪漫，但不要過多地把別人的浪漫帶入到自己的生活中。

PART —— 6

將來的你，會感謝現在拚命的自己

我不相信手掌的紋路，
但我相信手掌加上手指的力量。

你是誰，取決於你正成為誰

你想成為誰，決定了你會如何成就自己。不想在平庸裡抱怨生活不滿意，那就得費心費力地努力。

想成為一個什麼樣的人，就要為這樣的目標而去努力。你想成為誰？如果不知道，可以看看自己屬於下面中的哪種人。

有的人是豬，他要的是安逸。他吃得飽，睡得香，不想出人頭地，只求現世安穩，在職業和物欲上都滿足於目前的所得。哪怕生活就是爛泥淖，也把它當作現世的天堂。不去想永遠有多遠，不去思考人生，覺得高高在上的理想能把一個人折磨得生不如死。他是他生活裡的最穩定因素，因而也是社會的最穩定因素。

有的人是羊，他要的是安穩。他們安於命運，接受既定的一切，缺乏改變現實的勇氣；他們面對強者、強權，有的是順從、愚忠，缺乏抗爭的膽量，更不敢有取而代之的雄心。羊是永遠不會覺得狼有多威風的，他們只會感到狼的兇惡和殘忍，他們自己也會有一種道德上的優越感，會認為自己是善良的代表。在面對強大的力量時，他們沒有由衷的讚賞和欽佩，反而激起一種對自己的肯定，並促使自己反過來蔑視這種強勢力量。

有的人是牛，他要的是簡單。

牛的生活，不在於它的苦和累，而在於看不見盡頭的苦和累，沒有獨立希望的苦和累。之所以會擁有這種生活，一個最大的原因就是只想用簡單的方式謀生，最後變成了只能用簡單的方式謀生，要用越來越多的勞動保住越來越少的生存機會。

有的人是鬼，他要的是可怕。

仗勢欺人的人，玩弄心機的人，心狠手辣的人，冷血無情的人，深不可測的人，即便再怎麼成功，再怎麼強大，他們終歸失去了人原本的樣子，在他們的心裡已經不再承認人有任何可貴之處。他通過把人嚇住做為自己獲取安全感和成就感的手段，對成功的理解完全陷入了陰暗面。他們的可怕得以在現實中存在的原因，就是我們大多數人都「陽氣不足」，由於膽小殘留的人性根本不足以發揮震懾性的光芒。

有的人是仙，他要的是超脫。

他很個性，很另類，或者很不合群，天塌下來都不擔心，說出來的還一語驚人。看到他異於常人的表現，別人都會說：「您真是個仙。」這種人是不會為什麼欲望而奮鬥的，但他們卻比普通人快樂，比一般人瀟脫。

有的人是狼，他要的是力量。

對狼來說，物競天擇，適者生存，擁有了力量就等於擁有了一切。所以，狼有貪婪的眼神，有鐵石心腸，有速度，有鋒利的牙齒。狼永遠不會滿足。牠們想要得到更多！奔跑在廝殺的戰場上，肆意地獵殺，牠們不會對任何一種動物心慈手軟。人比狼強，還是比狼弱？人遇上狼，絕對廝殺不過狼，但是人之所以成為萬物的主宰，是因為他有比野蠻更高級的方式來競爭。既然人是優於狼的物種，你為什麼不想成為「人中之人」，而非要去成為「人中之狼」？

你想成為誰，決定了你會如何成就自己。不想在平庸裡抱怨生活不滿意，那就得費心費力地努力。想要簡單就不要指望優秀，想要省心就不能指望獨自闖出一片天地。能不能活出個人樣來，取決於我們自己願意不願意努力。真正的成功者是一個可以讓「人」抬起頭來的強者，是一個可以以「人」的姿態來對抗一切的強者，只有把「人」的力量發揮出來，並看到「人」的強大，你才可以頂天立地！

感謝那個踹了你一腳的人

如果看見好事就喜形於色，遇見壞事就愁眉苦臉；拿不起，放不下，沒有一點擔當力，又怎麼能成大器？

「感謝那個踹了你一腳的人。北大踹了我一腳，當時我充滿了怨恨，現在則充滿了感激。」俞敏洪這樣說。

生命是一次次的蛻變過程，唯有經歷各種各樣的磨鍊，或者說是折磨，才能拓展生存的空間。平靜的湖面，訓練不出精幹的水手；安逸的環境，造就不出劃時代的英雄。

無論你是自己創業，還是在職場打拚，被人踹一腳的感覺應該不會陌生。很多人在通往成功的路上，都有被人踹的經歷。遭人踹並不痛苦，也並不糟糕，糟糕的是從來不曾被人踹過、折騰過。因為只有當一個人受盡折磨時，他的潛能才會被激發出來，而且，唯有此時，他才能越挫越勇，逼迫自己去突破現狀。很多人骨子裡是懶惰的，充滿了依賴和逃避，一旦到了絕境中，才會激發起求生的欲望。

「如果一直混下去，現在可能是北大英語系的一個副教授。」說這句話的人，辦了一個叫新東方的學校，他叫俞敏洪。

一九八五年，俞敏洪北大畢業後留校任教，後來由於在外做培訓惹怒了學校，當時北大給了他個處分。他覺得待下去沒有意思，只好選擇了離開，那是一九九一年，他即將邁向人生而立之年。離開北大成了他人生的分水嶺，無論怎樣，離開北大對俞敏洪來說都是一次挫折。但是，他沒有因此而消沉，而是懷著一顆寬容自信的心，正確地看待生活給予他的這一切。

人生中，很多時候會遇到挫折，會遭遇被人冷落、鄙視，乃至被人侮辱、糟蹋的經歷。有的人會因此而一蹶不振，難以忍受而逃離或者倒下；而有的人卻能承受住這一切，把這一切當作成功的動力，最終脫穎而出，成為優秀的成功人士。

羅曼・羅蘭曾說道：「只有把抱怨別人和環境的心情，化為上進的力量，才是成功的保證。」

有個男孩大學畢業後準備到北京找工作，為了讓他在工作中少走點彎路，父母帶他去見一位智者。智者說：「孩子大了，自有主張。我們不要干預，不必操心。不過要說忠告和建議嘛，我倒想起一句話送給孩子：受得了氣才能成大器。」

這個道理，乍看都明白，但真要說清楚，卻並不是件容易的事。

要受得了氣，人必須大氣，主要表現在對人、對事、對己三個方面：對人要寬容，不要斤斤計較。

畢業後，進入職場，這是全新的人生模式。人與人相處，總會產生摩擦，總有別人佔了你便宜或者得罪你的時候。如果吃一點兒虧就記恨在心，非得較真認死理，甚至要「以牙還牙」，那麼，別人就會對你退避三舍。當下是一個合作的社會，如果沒有人與你合作，你又怎麼可能辦大事呢？

對事要超脫，不要深陷其中。

人一生的事真是多得數不勝數，眼睛一閉一睜都是事。猝不及防的打擊、始料未及的挫折、從天而降的好處、唾手可得的利益、無中生有的是非，如此種種都會隨時發生。無論是事的大小，還是事的好壞，我們都不能太在意。如果看見好事就喜形於色，遇見壞事就愁眉苦臉；拿不起，放不下，沒有一點擔當力，又怎麼能成大器？

對己要豁達，不要小肚雞腸。

每個人每天其實都會遇上不同程度的吃虧、受委屈或想不通——同事出言不遜輕慢了你，公司辦事不公傷害了你，領導當眾批評你，好八卦的人背後對你說長道短等。對這些我們都要豁達以對，淡然處之。倘若時時計算自我的利害得失，以自我得失做為好與壞、喜與憂的標準，又怎麼可能取得大成就呢？

無論我們遭遇什麼，都不要過分責備自己和他人，犯錯的價值在於我們可以成長。多大的障礙成就多大的成長，九死一生的絕境，才能成就泰然處之的淡定。

很多人都懂得，愛一個值得你愛的人，是一件非常容易的事；恨一個讓你憎恨的人，也是一件很簡單的事；困難的是去「愛」那些打擊過你，踹過你，甚至是背叛過你的人。

一位哲人說過，任何學習，都不如一個人在受到屈辱時學得迅速、深刻和持久，因為它能使人更深入地接觸實際、瞭解社會，使個人得到提升、鍛鍊，從而為自己鋪就一條成功之路。

人生在世，總要經受很多折磨，承受各種苦難，換一個角度來看，這些折磨對人生並不是消極的，反而是一種促進人成長的積極因素。

生活和事業到底是上升，或者下墜，完全取決於你如何看待人生。倘若在遭受打擊時，仍能體會到生命的美好之處，當你細細品味痛苦的滋味，慢慢咀嚼失意之時的收穫，你就永遠都不會忘記這種刻骨銘心的感受。此時若能化挫折為動力，化困境為動力，那些打擊你的人，就是上天給你最好的禮物，也是上天給你最好的成全。

其實，我們都應學會感謝，感謝那些曾經讓我們跌了一大跤的朋友。因為，成功是來自貴人的提攜，也是來自小人的激勵，若沒有跌倒過，就不會想要風風光光再站起來。

學會對屈辱抱著一種積極的態度，受到打擊和嘲笑，不是憤恨難消，而是借此打擊來鍛鍊自己的心性品格。感謝打擊你、冷落你、嘲諷你、折騰你的人，謝謝他們給了你鍛鍊自己、提升自己的機會。

絕境能吞噬弱者，也能造就強者

當一個人在絕境中為生存而奮鬥時，他做什麼都不會感到有心理障礙。

在這個世界上，困難猶如影子，隨時會出現在每個人的身邊，但事情的結果則完全因人而異。苦難對於天才來說，是一塊墊腳石；對於能幹的人來說，是一筆財富；對於弱者來說，則是萬丈深淵。絕境能吞噬弱者，也能造就強者，成敗的關鍵是，我們將自己定位成什麼樣子的人，會採取什麼樣的行動面對它。

當年，在北京大學外語系當老師的俞敏洪看到他昔日的同學都相繼出國了，心裡也蠢蠢欲動起來，開始張羅著出國。為了賺錢實現他的出國夢，俞敏洪在校外幹起了家教，為自己的出國學費忙碌著。

一個飄落著細雨的秋夜，正當俞敏洪和朋友喝著小酒，聊著家常，描繪著自己漸漸清晰的出國夢時，北大的高音喇叭響了，宣佈了學校對俞敏洪長期以學校的名義在校外培訓機構兼課的處分決定。

這個處分決定被大喇叭連播三天，在北大有線電視臺連播半個月。這種「重視」，讓俞敏洪沒有面子在北大繼續待下去了，只得選擇離開。這位被逼出校門的北大教師，就此下海。好不容易獲得了一張開辦私人學校的許可證後，他終於在北京一間十平方米的小平房裡開設了一家培訓英語的新東方學校。

由於找準了服務定位與行銷定位，並且迎合了出國的大潮，如今，新東方已發展成為中國最大的私立教育服務機構，並在紐約交易所上市。提起自己的成功和昔日為了生存而苦苦掙扎的經歷，俞敏洪說：「當一個人在絕境中為生存而奮鬥時，他做什麼都不會感到有心理障礙。」

是啊，有句話叫：置之死地而後生。漫漫人生路，如同在茫茫海上航行，有一帆風順的時候，也有風浪襲頭的時候。這時候，請相信，世上不會無路可走，在最難的時候，只要扛得住，世界就是你的。即使雅詩・蘭黛這樣創建了一個化妝品帝國的成功女性，其成就背後，也有一般人不能承擔的心酸，沒有幾個人知道在她創業的過程中充滿了怎樣的曲折和艱辛。

雅詩・蘭黛是個普通家庭的孩子，十幾歲的時候，她的叔叔——化學家舒茨到家裡做客，給雅詩送了一份護膚油的配方做為禮物。叔叔的這份禮物出於無心，但從此，雅詩的心裡，種下了打造美容世界夢想的種子。二十多歲，雅詩結婚了，婚後的雅詩並不安心於家庭主婦的生活，美容帝國的夢想蠢蠢欲動。用叔叔給的配方自己製造化妝品的時候，她已經是兩個孩子的媽媽了。雅詩・蘭黛不遺餘力地到處推銷自己做的面霜和手霜，不能在家庭和事業上找到平衡點，這引起了丈夫的不滿，終於有一天，他提出了離婚……

但是，即使這樣，她也沒有放棄自己的夢想與追求，而是以一種常人難以想像和理解的毅力堅持了下來，她領著年幼的孩子到了新的城市，在商場裡開設了自己的化妝品專櫃。三年後，經歷過生活風雨與心靈洗禮的雅詩・蘭黛和丈夫復合了，並一起創建了雅詩・蘭黛公司。這個化妝品公司說起來很可憐，成員當時只有夫妻兩個人，丈夫負責管理工作，而研發、銷售、運輸、宣傳等活兒都是雅詩・蘭黛一個人幹。接客戶電話的時候，她不得不經常變化嗓音，一會兒高一會兒低，一會兒裝經理，一會兒裝財務人員，一會兒又裝運輸人員……

所有的努力都不會白費。終於，雅詩・蘭黛的化妝品進入了美國最高級百貨公司聚集地——第五大道的商場櫃檯上。經過幾十年的努力，她終於打造出了自己的化妝品帝國。

想成就事業，就得不怕從最粗糙、最低級、最簡單的事情開始，從點點滴滴地做起，就得不在乎世人的眼光與評價，即使身處絕境也毅然前行，就得不拋棄，不放棄，堅持到底。

你願不願意為夢想做出改變

特別的成就，只有特別能熬的人才會得到。

很多成就非凡的人之所以能夠笑到最後，並不是因為他們比我們更聰明，而是因為他們比我們更能「熬」。看準了，絕不放棄，越「熬」就會越有希望。

真正的成功是熬出來的，財富也是熬出來的。對於很多創業的人來說，起點都一樣，誰勝誰負，比的往往只是「熬」的韌性和耐力。

為什麼一個老闆再難，也不會輕言放棄，而一個員工做得不順就想逃走？為什麼一對夫妻吵得再凶，也不會輕易離婚，而一對情侶常為一些很小的事就分開了？

說到底，你在一件事或者一段關係上的投入多少，決定你能承受多大的壓力，能取得多大的成功，能堅守多長時間。

馮侖說：「偉大是熬出來的。」

為什麼要熬？因為普通人承受不了的委屈，你得承受；普通人能得到別人的理解、安慰和鼓勵，但你沒有；普通人用對抗消極指責來發洩情緒，但你必須看到愛和光，在任何事情上能夠轉化；普通人在脆弱的時候需要一個肩膀靠一靠，而你卻是別人依靠的肩膀。

就像電視劇中孝莊皇太后對康熙皇帝說的那樣：「孫兒，大清國最大的危機不是外面的千軍萬馬。最大的危難，在你自己的內心。」最難的不是別人的拒絕或不理解，而是你願不願意為你的夢想做出改變。

窮人用懸崖來結束生命，富人用懸崖來蹦極——這就是窮人與富人的區別。

弟子問：「師父，您有時候打人罵人，有時又對人彬彬有禮，這裡面有什麼玄機嗎？」

師父說：「對待上等人直指人心，可打可罵，以真面目待他；對待中等人最多隱喻他，要講分寸，他受不了打罵；對待下等人要面帶微笑，雙手合十，因為他們很脆弱，心眼小，只配用世俗的禮節來對他。」

可見，你受得了何種委屈，決定你能成為何種人。一個不會游泳的人，老換游泳池是不能解決問題的。

一個不會做事的人，老換工作是提升不了自己的能力的。

一個不懂經營愛情的人，老換男女朋友是解決不了問題的。一個不懂經營家庭的人，反覆結婚離婚也是解決不了問題的。一個不懂職場倫理的人，絕對不會持續成功。

一個不懂正確養生的人，藥吃得再多，醫院設備再好，統統都是解決不了問題的。你，是一切的根源，要想改變一切，首先要改變自己。而學習是改變自己的根本方法。

你愛的是你自己，你討厭的也是你自己。你愛的、你恨的，都是你自己。你的世界是由你創造出來的，因此，你變了，一切就都變了。

由此可見，一念到天堂，一念下地獄。你的心在哪兒，你的成就就在哪兒。

洛克菲勒從窮小子，一步一步熬成美國第一位億萬富豪和當時的全球首富，他創造的財富總值，現今折合成美元為四千多億，是比爾·蓋茲的六倍多。

洛克菲勒一步步熬成世界首富，一切皆源於他的信條。

「我信奉壓倒性的努力能碎石穿岩，能改變一切，所以我徹夜不眠，甚至尿血，最終以此消滅了百分之八十的風險，取得了勝利。」

洛克菲勒始終堅信，偉大是熬出來的，秉承這一信條，他成就了一生的事業，並用這一信條教育子女，這也是洛克菲勒帝國長盛不衰的秘密所在。

挫折並不可怕，成功更不難攀，只要有骨子裡不屈服的勇氣，加上忍辱負重的「熬」的精神，總有一天會得到想要的結果。

成功的秘訣有千千萬萬，有人依賴背景，有人憑靠天賦，有人借助機遇……而洛克菲勒卻憑著一種「熬」的韌性，幾十年來潛心做事，最終由一個幾乎被所有人認為「很一般」的平常人，變為了成功者。

一個人對失敗和挫折採取什麼態度，決定這個人可以從生活中獲得多大的成就。只要心靈不曾乾涸，再荒涼的土地，也會變成生機勃勃的綠洲。只要願意為夢想做出改變，再平凡的人，也能做出不平凡的事。

慢吞吞的蝸牛也能成功

能夠到達金字塔頂端的動物只有兩種，一種是蒼鷹，一種是蝸牛。
蒼鷹之所以能夠到達是因為牠們擁有傲人的翅膀；
而慢吞吞的蝸牛能夠爬上去就是因為認準了自己的方向，並且一直沿著這個方向努力。

絕頂聰明者不一定會成功，而堅持不懈的人一定會成功。因為專注於目標的人，不畏挫折和磨難，不管出現什麼情況，總是能夠充滿信心，勇往直前。想成大事者，只能把精力集中於所要做的事情上——假如能專注於一項工作，任何人都能把這項工作做得很好。

在荷蘭的一個小鎮上，有一個中學畢業的青年找了一份看門人的工作，他在這個崗位上足足工作了六十多年。工作太清閒，他需要做點什麼來打發無聊。於是，他選擇了費時又費工的打磨鏡片做為自己的業餘愛好。

漸漸地，他的技術已經超過專業技師。他磨出的複合鏡片的放大倍數，達到了驚人的高度。借著他研磨的鏡片，他終於發現了當時科技界尚未知曉的另一個廣闊的世界。從此，他聲名大振，甚至被授予了巴黎科學院院士的頭銜。這個人，就是科學史上大名鼎鼎的荷蘭科學家萬•列文虎克。

他只是用耐心和細緻，把手頭的每一個玻璃片磨好，用盡畢生的心血，完善每一個平淡無奇的細節。終於，這種專注和堅持，成就了他的偉大。

專注就是把所有的資源都凝聚在一個點上，而堅持是最好的用戶體驗。任何一個公司的產品，都會有不完善的地方，關鍵在於這個公司是否有持續改進的意願，而公司持續的堅持才是對用戶最大的負責。所以，專注在一件事情上，並且堅持下來，才有可能成功。

專注不但是做事情成功的關鍵，也是健康心靈的一個特質。將注意力全部集中到某事物上面，與你所關注的事物融為一體，不被其他外物所吸引，不會縈繞於焦慮之中。

巴菲特自己把他的成功歸結為「專注」。他除了關注商業活動外，幾乎對其他一切如藝術、文學、科學、旅行、建築等全都充耳不聞——因此他能夠專心致志追尋自己的激情。

當巴菲特說出「專注」這個詞的時候，不知道在座的人群中有多少能夠體會他這個詞的含義，但一直以來，專注就是巴菲特前行的重要指南。專注是什麼？是對於完美的追求，而且這種秉性是特有的，不是誰說模仿就能模仿得了的。

一個人對一件事只有專注投入，才會帶來樂趣。對於一件事情，無論你過去對它有什麼成見，覺得它多麼枯燥，一旦你專注投入進去，它立刻就變得活生生起來！而一個人最美麗的狀態，就是進入那個活生生的狀態。

有句古語是這麼說的：能夠到達金字塔頂端的動物只有兩種，一種是蒼鷹，一種是蝸牛。蒼鷹之所以能夠到達是因為牠們擁有傲人的翅膀；而慢吞吞的蝸牛能夠爬上去就是因為認準了自己的方向，並且一直沿著這個方向努力。

人生是一場鬥爭，有許多不可逾越的困難和考驗，成功者必須有較強的心理承受能力，以及不達目的絕不甘休的精神。你只需要有能力，有膽量和鍥而不捨的專注精神，就能破釜沉舟，揚帆遠航。

吃苦，是優質人生的基礎

忍受雕刻和磨鍊的苦因，才有被萬人膜拜的甜果；
抱怨和逃避被雕琢的痛，最後只能接受被萬人踩踏的苦果。

再優質的蓓蕾，也要通過風吹雨打的考驗，才能結出甜蜜的果子。

有一座佛寺缺少一尊佛像，於是，雕刻家找來了兩塊有靈性的大石頭。這兩塊石頭的質地都差不多，其中有一塊略微好一點，所以雕刻師就拿這塊較好的石頭先刻。

在雕刻過程中，這塊石頭常常抱怨：「哎！痛死我了，你快住手吧！」雕刻師勸它：「忍耐半個月吧，你能忍得下來，就將成為受萬人膜拜的佛像。」石頭聽了後說：「好吧，我再忍兩天。」結果，在這兩天中，它還是不停地嚎叫，喊得雕刻家心煩意亂，最後只好說：

「好吧，那你就先歇一會兒。」

雕刻師把它放在了一旁，然後對另外一塊石頭說：「我現在要雕刻你了，你可不能喊痛啊。」這塊石頭說：「我絕對一聲都不吭，你可以放手來雕刻我，我全力配合。」

「砰砰砰」的碎石飛濺中，第二塊石頭咬緊牙關，因為它知道，沒有不經歷雕琢就出現的作品，石頭甚至很期待，它在想：說不定我會變得很漂亮呢！

半個月過去了，莊嚴的佛像終於雕出來了，引得成千上萬的信徒前來膜拜。因為來膜拜的人太多了，踩得地上塵土飛揚，於是，主持便讓眾人將旁邊的第一塊大石頭打碎，然後鋪在了地上，鋪成了一條路。

就這樣，第二塊石頭成為了受萬人膜拜的佛像，而第一塊石頭，則成為了萬人踐踏的碎石。

忍受雕刻和磨鍊的苦因，才有被萬人膜拜的甜果；抱怨和逃避被雕琢的痛，最後只能接受被萬人踩踏的苦果。

人世間所有甜蜜的果實，皆要通過風吹雨打的考驗和苦難的磨鍊，才能品嘗得到。故此，佛陀開示眾生：先吃苦，後嘗甜。

俗話說：「吃得苦中苦，方為人上人。」先吃「苦」，然後才會享受到「甜」的味道。吃苦，是優質人生的基礎。

東晉王朝的功臣陶侃，不僅胸有大志，還特別勤奮。他做官的時候，總是不停委派下屬去檢查管理軍中、府中的事，不曾有片刻清閒。這樣勤奮的後果，是極高的效率，什麼事情都井井有條，衙門前沒有停留等待辦事的人。他常對人說：「連大禹都十分珍惜時間，更何況普通人呢？做正經事都怕時間不夠用，怎麼能夠遊樂縱酒呢？懶惰的人，活著的時候沒什麼用，死了也如同塵埃，不會被誰記得，這是自己不把自己當回事兒啊！」

因為朝廷內的明爭暗鬥，原本是荊州刺史的陶侃被降職調往偏僻的廣州。見日常工作不多，於是陶侃多了一項運動項目：搬磚。

每天早晨，他總是把一堆磚頭搬到書房的外面，傍晚又把它們搬回書房裡，日復一日，月復一月，年復一年。別人很不理解：這位陶刺史真閒得沒事兒幹的話，不會練兩筆字、畫兩筆劃？每天搬磚，太古怪了！

終於，有人忍不住問他為什麼這樣做。陶侃回答：「我的夢想是收復中原失地，驅走入侵的北方胡人，但這裡生活太悠閒，長此以往，恐怕自己不能承擔大事，所以才想出這個辦法讓自己習慣辛勞。」這樣磨礪自己的日子，陶侃過了十年。終於有一天，他被重新委以重任，帶兵平定了蘇峻之亂，開闢了之後晉王朝七十多年的安定局面。

要做好一件事，必須有過硬的本領。要獲得一種本領，必須經過艱苦的磨鍊。一個人如果身體上不怕勞累，心理上不怕折磨，事業中不怕挫折，奮鬥中不怕艱險，那麼，他還有什麼理由不成功呢？

我們永遠奮鬥在路上

傑出人士與平庸之輩最根本的差別，並不在於天賦，也不在於機遇，而是在人生道路上，你有沒有在努力。

一首〈在路上〉不知感動了多少奮鬥的人。

一部《奮鬥》贏得了許多「八〇後」的喜愛，因為它展現了我們的真實狀態，讓我們在別人的故事裡揮灑自己的喜怒哀樂，感懷艱辛的奮鬥歷程。

奮鬥，我們一直在路上，有收穫，也有失落。回頭看看，在付出諸多心血之後，我們擁有了超越自己想像的承受力和不斷前進的勇氣，甚至懂得感謝挫折。

這是我們成長的心聲：不要停滯不前，堅定、倔強地奮鬥在路上！

自己不努力，你能拿什麼和別人競爭？

現在很多大學生都感覺自己每天的生活都是單調甚至是無味的。食堂、教學樓、宿舍樓三點一線的生活，每天都這麼過著，每天看著是很忙，課滿滿的，可是有時候自己也覺得很無趣，就感覺自己失去了生活的動力，不能感受到自己那跳動的脈搏，找不到生活的方向。

我們經常羨慕那些獎學金獲得者，那些演講比賽冠軍，那些學生主持人，那些學生會的成員，感覺他們的生活，絢爛無比，精采得不得了。每天能接觸不同的人，每天能去不同的地方，每天能做不同的事兒。不用像我們每天三點一線，每天都是標準的吃飯、遊戲、睡覺。

他們的日子多好，多美，多滋潤啊！我們也想過，我們也希望能夠成為這樣的人，可是我們一直沒有找到我們能成為他們那種人的方法。每每嘗試著去做，就發現自己什麼都不會，特別是每次和他們同台競技，我們就像是被派出來做對比的小丑一樣，什麼都爭不贏。

然後我就去觀察、去看了，那些我們看著活得精采的人，那些學生會成員，那些學霸。比如我們班上那個牛人，門門成績都好到爆的人；還有那個學長，那個我們院團委的強人，不僅新聞寫得好，而且去年還獲得了勵志獎學金的人。我就想觀察一下，我就想知道，為什麼他們能夠這麼強，我們可都是享受著同一資源，接受著同一個老師的教育，做著同一件事兒的。一天又一天，我發現，其實上上課安安靜靜聽課，就是學霸的一門技能，至少我是做不到的，還有那種沒事時喜歡上自習的特性也是我沒有的。再有就是能夠沒事兒就看新聞吸收精華，也是我們所不具備的。他們好像是一部高速運轉的機器，除了睡覺之外，隨時都可以滿血復活。而我們，此時卻在睡覺、玩遊戲。這就是為什麼我們在他們面前完全沒有反抗的能力，完全沒有拚爭的可能！

一樣的忙碌，一樣的生活，他們總是比我們過得好，他們總是過得比我們精采，他們做的我們也在做著，有所不同的是，他們是在主動地做著，努力地做著，而我們只是在被動地做著，接受著。每天帶著僵硬的腦子，按著步驟做著事情，雖然我們中也有很多人學習成績很好，可是這也僅僅是只限於學習成績，要說起娛樂、體育，我們就完全向他們跪地求饒了。其實想想，為什麼他們會這樣呢？因為他們活著，熱血在沸騰著，他們的腦子在動著，他們在努力著，而我們的心已經死了，血液在凝固著，意志在墮落著，一步一步地在走向平庸。

因為我們還有嚮往，所以我們還在思考著為什麼總是別人贏，同樣的環境，同樣的生活，同樣的安排。我要說，這是因為你自己，這都是我們自己在氣餒，是我們自己不爭氣。不努力，你拿什麼和別人去競爭！

別人在圖書館認真看書的時候，你在睡覺，在玩遊戲；別人在訓練專業技能，在寫新聞、寫文章的時候，你在睡覺，在玩遊戲；別人在預習、複習的時候，你也在睡覺，在玩遊戲；甚至別人在找工作，在準備考研，在比賽，在研究的時候，你還在睡覺，玩遊戲。你說說，你能拿什麼和別人爭！更別說你還妄想爭贏他們了！

原來傑出人士與平庸之輩最根本的差別，並不在於天賦，也不在於機遇，而是在人生道路上，你有沒有在努力。

自己不努力，你能拿什麼和別人競爭？不要再異想天開了，以為總有一天會有什麼奇蹟會降臨到你身上。你要知道世界上有這麼多人，上帝是沒有那麼多的精力，去照顧每一個人，去給我們丟餡餅的。想成功就得去奮鬥，去努力。

對於不去奮鬥的人來說，歲月的流逝只意味著年齡的增長，平庸的他們只能日復一日地重複空虛的生活。有事做，不是不幸，而是一種幸福，因為那不僅僅是一份工作，它還是一個信念，一個目標，有了這種信念，人就不會空虛。

努力吧，努力地去做吧，努力地去追吧，讓血液沸騰起來，讓生活精采起來！

最好的「報復」，是幸福給傷害過你的人看

任何時候，都不要以傷害自己的方式去報復他人。最好的「報復」方式，是幸福給傷害自己的人看。

五棵松路口曾經有一家很有名的麻辣串城，由於味道極好，生意相當紅火。那裡的老闆是個年輕人。能在北京開這麼大的串城，雖然算不上多大的成功，但至少可以過著優越的生活。有人對老闆的幸福表示了一番「羨慕妒忌恨」。不料老闆卻說：「生活哪兒有那麼容易，你們只看見賊吃肉，沒有看見賊挨打。我的以前苦多了，現在總算有了點起色。不過我很滿足。」

老闆的老家在四川某個偏僻地區，那兒十分窮困，而他家幾乎是村裡最窮的人家。小時候由於沒有可以換洗的棉褲，褲子濕了，只能烤乾再穿。有一次棉褲不小心著了火，左邊的褲腿被燒了一個好大的洞。好多個冬天，他一直穿著那條燒壞的棉褲。

後來，他開始外出闖蕩。由於受不了工廠的束縛，又沒有文化，他一直在斷斷續續的失業中掙扎，不知道做什麼好。一天，他發現賣臭豆腐的小攤點生意竟然非常好，這讓他萌生了自己擺攤的念頭。別人可以賣臭豆腐，他可以賣麻辣串。說幹就幹，路邊攤靈活，成本低，但卻很考驗調配功夫，在剛剛開始的那段時間裡，由於人生地不

熟，由於自己的調味水準有限，他每天只能賣出幾個串，幾乎沒有生意可以做，他幾乎要放棄了。

有時候，沒得選擇，是最好的選擇，除了賣麻辣串，他不知道自己還能幹什麼，所以，他只能堅持下去。為了調好味道，他不斷地試吃，有時，光是為了找一種合適的調料，都能吃得想吐。

好在皇天不負有心人，他的生意慢慢有了起色。從最初的虧本，到後來的慢慢小賺，再到後來的贏利日豐，他總算熬過來了。於是，他琢磨著開一家小店。一是不用再風裡來雨裡去，二是客源量越來越大，需要更大更好的經營平臺。

他拿著整整三年的積蓄，在一個人流密集的地方開了一家小店。慢慢地，他手中的存款越來越多，不僅給家裡蓋上了新房子，自己也打算開一家更大的麻辣串城，然後買套房子，在自己奮鬥的城市裡扎根。

就在這一年，他老家一個聲稱做房產的朋友，遊說他投資養老產業。說什麼中國老齡化越來越嚴重，以後養老將是第一大問題，在朋友那天花亂墜的忽悠下，在哥們兒義氣的衝動下，他沒有仔細考察就答應了投資建設養老公寓。可後來朋友捲款而逃後，他才知道所謂的工商營業執照都是偽造的，當初「開盤」時的熱鬧預售，是找托演的……多年的積蓄全都搭在了裡面，還欠下了一大筆銀行債務。

生活還得繼續，為了還錢，他轉讓了曾經紅火一時的小鋪，巨大的心靈落差使得他幾乎不想再碰麻辣串。母親看在眼裡，急在心裡，不知道怎麼辦才好。他更是萬念俱灰，終日躲在家中，足不出戶。滿腦子想的是見到騙子後要怎麼報復。母親覺得，再這樣下去，兒子這一生就毀了，她硬把兒子從房間裡拖出來，並對他說：「你小時候，最喜歡吃的，就是媽媽給你熬的雞湯。今天我買了做雞湯的材料，你要不要嚐一嚐？」

他無精打采地點了點頭。

母親「砰」的一聲，把幾隻生的雞腿丟在他眼前，說：「湯還沒煮呢，你先啃雞腿吧！」

他抬起頭，詫異地說：「媽，這雞肉還是生的呢！」

母親又陸陸續續地把一些東西丟在兒子眼前：「不然你先吃一點中藥材，或者嚼乾香菇？對了，雞湯也要加鹽，不然你先吃一點鹽？」

他驚慌地看著母親，覺得母親一定是瘋了：「媽，您沒事吧？」

母親這才柔聲地說：「直接吃這些東西，一定難以下嚥，但只要把這些東西加在一起，再經過小火熬煮，就會成為美味的雞湯！你現在遇到的痛苦，也許讓你非常難熬，但誰說這些痛苦，不會成就你美好的人生呢？你看，當年我們窮得連給你買條棉褲都買不起的日子都挺過來了，你現在再怎麼說，還有一門手藝。別人越是傷害你，你越是要好起來，把傷害變成成長的智慧和營養，把傷害變成力量。」

他瞭解母親的苦心，但卻又放不下已經提上去的自尊。曾經的他，是被人羨慕，被人仰視的，他沒有辦法想像重新去做路邊攤的困窘。

母親決定自己先振作起來，她開始自己去折騰麻辣串賣，由於不得其法，生意一直不好，但她依然堅持著。一個年過五十的可憐的農村婦女，為了讓兒子重建對生活的希望，日復一日地重複擺路邊攤的艱苦勞作。收入雖然不高，竟然也能慢慢維持在城市的生活了。

有一天，他實在看不下去母親一個人搬上搬下，便忍不住搭了把手。後來，又慢慢地幫母親穿點串，再後來，他會「路過」母親的攤點，聊上幾句。有時母親因為上廁所或其他原因離開一陣子，他就得自己上陣了。人們對他都很友好，他這才發現，當初自己想得實在太多了，大家都是陌生人，不會因為他有過精采而羨慕，也不會因為他當下的落魄而看不起。大家只需要他做的麻辣串好吃！

後來，他還清了所有的債務。再後來，他開了這家串城。他說，他其實很感激那次痛苦。如果走得太順，好負氣行事的他一定享受不到生活中最本真的幸福。他會計較很多事，在看上去的幸福中被細碎的痛苦折磨。

受傷之後，最容易引發的情緒是報復。報復的花樣雖然多，但方法卻只有三種。

第一種是以眼還眼，以牙還牙，讓加害人明白，他們對我們造成的傷害，究竟有多沉重。這是簡單地以暴制暴——由於承受力的不同，很容易演繹為過度反擊，他人傷我三分，我必傷以七分，內心方能平衡。

第二種是以自我肉體傷害達成對他人良心的傷害，報復者唯一能依靠的是那個傷害自己的人的良知。

第三種則是努力幸福給傷害過自己的人看。

無疑，第一種報復方式是絕大部分人都會選擇的方式，第二種報復方式是最無力的反擊，先別說對方是否真的有多願意為自己造成的傷害去內疚，若是一個人的自我傷害，並不能觸及另一個人重大而直接的利害關係，隨著時間的流逝，最初的良心煎熬就會消失。

而且，假如一個人的自我傷害對另一個人來說，成了不勝其煩的生活騷擾，他的內疚很快就會變成厭惡。

任何時候，都不要以傷害自己的方式去報復他人。最好的「報復」方式，是幸福給傷害自己的人看。

PART 7

盡力，不如比別人更努力

生命如同故事，
重要的不是它有多長，而是它有多精采。

在命運面前，勇氣有時代表一切

每個人在前進的時候，總會遇上很多擋路的障礙。有時候，我們只需要推開那道門，就會看到通向成功的路。

在命運面前，勇氣有時代表一切。

卡夫卡的作品《法的門前》講了這樣一個故事：

法的門前站著一個守門人。一個鄉下人來到這個守門人面前，請求讓他進去。可守門人說不行。由於通向法的大門始終是敞開著的，鄉下人便往門裡張望。守門人笑著說：「如果你很想進去，那就不妨試試，不過你得注意，我只是一個最低級的守門人。每一個大廳之間都有守門人，而且一個比一個更有權勢，就連第三個守門人的模樣，我都不敢看一眼呢！」

鄉下人沒料到會有這麼多的困難。他本來想，法的大門應該是每個人隨時都可以進去的，但是，現在他仔細地看了一眼穿著皮大衣的那個守門人，見到他不容置疑的表情後，他便決定，還是等一等，得到允許後再進去。

守門人給了他一個小矮凳，讓鄉下人在門旁坐下，於是他長年累月地坐在那裡等著。他做了多次嘗試，請求讓他進去，守門人也被弄得厭煩不堪，他總是對鄉下人說，現在還不能放他進去。

在漫長的年月裡，鄉下人幾乎一刻不停地盯著這個守門人。他忘記了還有其他的守門人，似乎第一個守門人就是他進入法的大門的唯一障礙。

最後，他老了，視力變弱了，可是就在這時，他卻看到一束從法的大門裡射出來的永不熄滅的光線。在臨死之前，這麼多年的所有體驗都湧到他的腦海裡，彙集成一個問題：「所有的人都在努力到達法的跟前，可是，為什麼這麼年來，除了我以外沒有人要求進去呢？」

守門人看出，這個鄉下人快死了，便在他耳邊大聲吼道：「這道門沒有其他人能進得去，因為它是專門為你而開的。可現在，我要去把它關上了。」

我們每個人在前進的時候，總會遇上很多擋路的障礙。我們分不清哪些是真老虎，哪些是紙老虎。有時候，我們只需要推開那道門，就會看到通向成功的路。可是我們不敢。每當我們想再往前邁一步的時候，就會像那個鄉下人一樣顧慮重重，於是在一道門前蹉跎了歲月，甚至荒廢了一生。在我們回首這一切的時候，才知道當初的困難沒那麼可怕，可是為時晚矣。這能怪誰呢？

追求夢想的岔路上，總是要拿出勇氣選擇的，屈服逆境、放棄夢想是可悲的。但是很多人經常處在這種可悲之中。面對夢想，他們的顧慮太多。一條鏈子可以扯斷，十條鏈子還可以扯斷嗎？所以如果有希望，還是在那麼多鏈子都拴到你身上之前逃走吧！

有人說，勇敢是與深思和決斷為伍的。沒勇氣，終歸是內心不強大的結果。軟弱的人尋求的往往是「保護」，而不是積極地「改變」。真正的勇氣，孕育在一個人的靈魂中，這個人，一定是考慮到危險但仍不退縮的人。

小澤征爾是一名指揮家，他的指揮出神入化，即熱情奔放又瀟灑自如，在世界上享有極高的聲譽。他未成名之前，在一次世界級的大賽中，他按照評委會提供的樂譜進行指揮時，總感覺有一點不和諧的聲音。一開始，他以為是樂隊的演奏出了錯誤，於是，要求樂隊停下來重新演奏，但問題並沒有消失。於是，他覺得是樂譜有問題，並向在場的評委會提出了自己的質疑。面對小澤的質疑，評委會委員以及在場的作曲家全部堅持說，樂譜絕對沒有問題，是他的感覺錯了。面對這些不容置疑的權威人士和近在眼前的大賽桂冠，小澤思忖再三，還是堅決地說：「不！一定是樂譜錯了！」

不料，他的話音剛落，評委們立即報以熱烈的掌聲。原來，這一切都是評委們的精心設計，以此來檢驗一名指揮家在發現錯誤並遭到否定的情況下，能不能堅持自己的主張。之前的指揮家雖然也都察覺了這點小問題，但都因為缺乏與權威抗衡的勇氣而放棄了自己的觀點，從而失去了奪取桂冠的機會。

在命運面前，有時候勇氣會代表一切。別動輒說自己溫順善良、人畜無害，也許你只是不主動，沒有反抗的血性，歸根結柢，是你的內心不強大，才阻隔斷了自己通往星辰大海的征途。

付出更多，你才能擁有更多

人生就是一場山水相逢的戲，你不知道哪一天，哪個與你相處過的人就能在關鍵時刻決定你的命運。

個人的力量很難應付生活中無止境的苦難，聰明人都明白這樣一個道理。幫助自己的唯一方法，就是去幫助別人。君子貴人賤己，先人而後己。只有付出更多，你才能擁有更多。

我們靠所得來謀生，但要靠給予來創造生活。我們無法幫助每個人，但每個人都能幫助到某些人。為別人點一盞燈，照亮別人的同時，也照亮了自己。

《孟子・公孫丑上》曰：「取諸人以為善，是與人為善者也。故君子莫大乎與人為善。」耶穌也說：「你願別人怎麼待你，你就應怎麼對待別人。」「好人有好報」這句話雖然是老生常談，但確實是真理。與人為善，你就會被善待，這是最基本的因果關係。

一個老外帶著華裔妻子到中國治病，妻子的病很難纏，有人建議他們來中國看看中醫，或許對這種慢性病會有作用。他和妻子都不會說漢語，到了中國，不得不花錢請翻譯。之前，為了幫妻子治病，他已經到了囊中羞澀的地步，所以開出的報酬很低，最終，一個貧困生接受了這份工作。

在幫老外看病的過程中，善良的小夥子除了翻譯以外，還幫著掛號、拿藥，做了很多超出他僱傭範圍的事情。不久後，別人給小夥子介紹了一份更掙錢的翻譯工作，於是小夥子向老外提出了辭職。

老外沒辦法，只好同意了，但是懇求小夥子幫忙再找一個翻譯，哪怕翻譯水準差點都可以，因為自己實在付不起更多的錢，但又離不開翻譯。

小夥子猶豫了半天，還是決定留下來，幫助這對陷入困境的夫妻，一直到他們離開中國。

幾年後，小夥子該畢業了。他正在為找不到合適的工作發愁時，突然收到這個老外從美國發來的一封郵件。

郵件中說：他一直感激小夥子的幫助，更感動於小夥子的善良和誠實。妻子的病情得到控制後，他又重新打理自己的事業，現在，他想發展中國區域的業務，需要招聘幾名誠實可靠的員工，他問小夥子願不願意加入他的公司，報酬優渥。

有許多用盡千方百計也得不到的東西，憑著與人為善卻輕而易舉就得到了。現實生活中，有些人非常不討人喜歡，主要原因不是大家故意和他們過不去，而是他們對別人百般挑剔，隨意指責，人為地製造矛盾。只有處處與人為善，嚴以責己，寬以待人，才能建立與人和睦相處的良好關係。這個世界上，重要的不是你能得到什麼，而是你能付出什麼。俗話說，「予人玫瑰，手有餘香」，「三十年河東，三十年河西」。人生就是一場山水相逢的戲，你不知道哪一天，哪個與你相處過的人就能在關鍵時刻決定你的命運。

有個窮學生，為了支付學費，挨家挨戶地推銷貨品。晚上肚子餓了，但口袋裡只剩下幾個硬幣了，於是他準備討點飯充饑。

當一位年輕的女孩子打開門時，他卻失去了要飯的勇氣，只說想向女孩討一杯水喝。女孩看出了他的窘迫，於是給他端了一大杯鮮奶來。

他喝完後心虛地問：「應付多少錢？」

她回答說：「不用，母親告訴我，不要為善事要求回報。」他心中一暖。

男孩離開時，不但覺得自己饑餓感緩解了不少，而且信心也增強了許多。他原本已經陷入絕境，是那個女孩的一杯牛奶給了他希望，他重拾生活信心，重新開始了自己的人生。

十幾年後，女孩忽染重病，當地醫生都束手無策。家人將她送進市醫院，請專家來檢查她的病情。他們請到了一位著名的醫生。

當這位醫生聽說病人是來自他曾待過的某個小城時，馬上走進病房，他一眼就認出了她。

從那天起，他密切地關注她的病情，用自己高超的水準，盡心盡力地挽救她的生命。經過漫長的治療後，她終於恢復了健康。當這位女患者出院的帳單送到醫生手中時，他看了帳單一眼，然後在帳單邊緣上寫了幾個字。

忐忑的女孩不敢打開帳單，因為她知道，自己可能一輩子也無法還清這筆醫藥費。但她還是不得不打開，出乎意料的是，帳單上只寫著這樣一句話：一杯鮮奶足以付清全部的醫藥費！

收穫少，說明你努力不夠

只要付出努力就會有所收穫，收穫甚微只能說明努力不夠。

世界上有多少人在追逐夢想，多少人在渴望成功？然而，成功，不是想有就有，都是通過不懈的奮鬥、辛勤的工作和過多的付出換來的。

王羲之沒有洗黑一池水的努力，怎麼會贏得「書聖」的美譽？杜少陵沒有「艱難苦恨繁雙鬢」的付出，又怎麼能有「詩聖」的成就？唐玄奘沒有背井離鄉的付出、萬里迢迢的跋涉，又怎麼能到天竺取回真經？

一分耕耘一分收穫，沒有付出，哪來的回報？可以說，付出是回報的前提或是序曲，若是捨不得付出努力，那一切的想法都只是空想，毫無意義。

很多人只關注到了成功者收穫的喜悅與頭頂的光環，卻未發現其背後的汗水與辛酸。著名的「付出定律」講的就是，只要付出努力就會有所收穫，收穫甚微只能說明努力不夠。

他，從小到大成績優異，是著名的普林斯頓大學的高材生。思想保守的父母，一直期望他日後可以做一名受人尊敬的律師或政府官員。然而，出人意料的是，大學時期，他突然對表演產生了濃厚的興趣，並從此樹立了自己的人生目標——做一名成功的演員。

大學畢業那年，他身邊的同學有三分之一去了醫學院，有五分之一去了法學院或華爾街。當同學們詢問他的去向時，他卻告訴大家，他要到好萊塢做一名演員。他的回答把同學們驚得目瞪口呆。他又把這個想法告訴了父母，父母更是表示極力反對——一個普林斯頓大學的高材生，怎麼可以去當娛樂明星呢？

不管別人的看法是怎樣的，他還是一個人從紐約來到了洛杉磯，開始了自己的夢想之旅。

在好萊塢，明星實在太多，機會實在太少，他一開始只能到電影公司做幕後工作。第一年，他整天都忙著整理資料和調整燈光，穿梭於各個辦公室之間做雜務，有時還要幫老闆餵魚、叫外賣，或者幫演員遛狗。

那段時間，他窮困潦倒，最困難的時候連房租都交不起，他甚至在會議室裡搭起了帳篷，靠公司的食品櫃填飽肚子。

即使這樣，他仍然尋找各種機會來推銷自己，參加各種各樣的面試，參加演員培訓班給自己充電。他屢屢受挫，但也得到了在《吸血鬼獵人巴菲》、《恐龍帝國》等劇集中表演的機會，還出演了電影《人性污點》，與影帝安東尼・霍普金斯連袂表演，在劇中有不俗的表現。但儘管得到了很多肯定，他的演藝之路仍然沒有多大起色，他甚至又失業了，不得不做劇院的雜工。就這樣，他過了十年緩慢、平淡而又用力的日子。

直到有一天，他接到了一個劇組的邀請，讓他去試鏡。試鏡的那天，他的表演自然流暢，試鏡出奇的順利，很快就拿下了這個角色。這部電視劇，就是紅極一時的《越獄》，而他，正是飾演男主角邁克爾的演員——溫特沃斯・米勒。

米勒成名後，有人問他：「你喜歡用『一夜成名』形容自己嗎？」米勒回答：「我這『一夜』可能長了點——十年，十二份工作，四百八十八次試鏡，無數個『你不行』。」他的成功是理所應該的，一個人為夢想堅持著，只要他不放棄，老天也會被他感動，也會給他機會的。我們也應該這樣，當你已經選準了目標，就應該義無反顧、勇往直前地向目標奔去。

要想在人生的旅途上有更多的收穫，就要捨得付出更多的努力。

挫折不是上帝製造出來讓你打發無聊的

不要放棄為前進而做的努力，你想要的一切，歲月都會以自己的方式給你。

人生沒有絕對的彎路，你用雙腳認真丈量的每一步，都將成為你靈魂的疆域。它們因成為了你的經歷、成長和記憶而永遠無法被奪走，這即是我們可以達成的不朽。人生的最大不同，其實不在於終點，而在於走路的歷程。

連續十二年保持全世界推銷汽車的最高紀錄而被載入《吉尼斯世界紀錄大全》的喬・吉拉德，被稱為「全世界最偉大的推銷員」。

有人說，他天生就是一個銷售員。這種天才論並不能當真，沒有一個白手起家的人不需要依靠自己的努力拚搏，便能功成名就的。喬一生中做過很多份工作，他沒有明確的目標，一直在跌跌撞撞中行走，因此走過不少彎路，經歷過人生的大起大落，到三十五歲時依然一事無成。但所幸的是，他始終沒有放棄對自己的要求和對家人的責任，這才促使他最終找到適合自己的職業方向。

喬・吉拉德出生在美國密西根州最大的城市底特律，他家特別窮，只能靠申請救濟糊口。冬天，他和哥哥吉姆經常溜進家對面的煤場偷煤，才能解決取暖的燃料問題。窮日子彷彿看不到盡頭，經常失業的父親喜歡以打孩子的方式發洩心頭的鬱悶。

喬在八歲左右就開始工作了，他蹲在東傑弗遜大道的工人酒吧裡，在骯髒的地板上替人擦皮鞋。二十世紀三〇年代的美國經濟蕭條，人們到酒吧大多是為了借酒澆愁，擦皮鞋的生意不多，喬與其說是打工，還不如說是乞求人家同意他擦皮鞋。擦一雙鞋只掙五美分，有時，顧客會多給一～二美分，但有時也會只給二美分。他常常一幹就幹到晚上十一點，掙的錢全都交了給家裡——就算只能賺一美元，也可能是家裡唯一的收入。

後來，他又開始送起報紙，每天早上六點就得起床到車庫，把分好的《底特律自由新聞報》送往訂戶家中；放學後，再去工人酒吧擦皮鞋。他一邊擦皮鞋一邊送報紙，一幹就是很多年。

十六歲時的一天晚上，喬禁不住金錢的誘惑，與兩個壞小子一起偷了一輛車，然後撬開了街上的一間酒吧。他們成箱地往車上搬酒，還撬開了收銀機拿了一百七十五美元。他們把酒賣給了流浪漢，平分了偷來的錢。

三個月之後，喬被帶到了青少年拘留所。拘留所是他待過的最恐怖的地方，一大屋子全是犯了事兒的小孩。有個大個子看守拿著皮帶進來，隨便讓一個小孩撅起屁股就一通猛抽。那一次，喬真的被嚇破了膽，他決定靠自己的力氣吃飯，再也不願意進監獄了。

出了看守所的喬在爐具廠找了一份工作，但很快就被開除了。接著，他幹過四十多種不同的工作，開過卡車，做過安裝工人，學過電鍍，當過兵，還開過小店，但是運氣總是不好，不是因為抽菸被開除，就是摔傷不能工作……直到後來，他跟著一個名字叫阿貝・薩珀斯坦的住宅建築商工作，生活才慢慢地有了起色。這期間，他不僅成了家，還有了孩子。

老闆退休時，把生意轉讓給了他。有一陣兒生意還相當不錯，可惜那時，他經驗不足，不知道只能相信白紙黑字，不能相信口頭承諾。一塊荒地的地產銷售員為了把房子賣出去，捏造了一條虛假資訊，錯誤的投資不僅使得他十年拚命工作的積蓄化為烏有，還一下負債六萬美元——這在當年實在是很大一筆錢。銀行想扣押他的汽車，因此，他晚上回家時，要把汽車停在幾個街區之外，然後穿過小巷爬後牆溜回家。

那時，他幾乎想死，感覺自己無論為生活付出了多大的努力，總會一下子回到原點。回家時，妻子向他要買菜的錢，這才讓他想起了自己還得對妻子、兒女負責任。

身無分文的他一夜未眠，一直在想自己該怎麼辦。喬知道，自己必須找一份能馬上獲得報酬的工作，以避免全家又挨一天餓。他決定做汽車銷售員，但沒有銷售員願意介紹他入行，因為對他們來說，多一個人就多一個競爭對手。為了加入雪佛蘭汽車公司，他不得不以下午六點前不接待客人，只為別人都不願意服務的客人服務為保證條件，加入了這家汽車銷售公司。靠著他前半生的人生沉澱和對世態人情的理解，他摸索出一套很實用的銷售理論，終於扭轉了人生絕境，成為躋身汽車界最高榮譽「汽車名人堂」中唯一的銷售員。

雖然某些經歷就世俗意義來說，有「正確」的方向和「直接」的達成才好。無疑，在同樣的時間成本裡，直接可以得到更多，朝著正確的方向努力，效率會更高。但是，命運的最大天機就是誰也不知道自己明天會面對什麼。我們要做的，可能唯有堅持走下去。畢竟，很多挫折不會只是上帝製造出來讓你打發無聊的，這些挫折，也許是你下一次成功所必需的累積。

地球是運動的，一個人不會永遠處在倒楣的位置上，沒有人能一直成功，也不會有人一直失敗。所以，不要放棄為前進而做的努力，你想要的一切，歲月都會以自己的方式給你。

清算苦難，不如開始改變

改變你的心態，也就改變了你看問題的角度。而當你改變看問題的角度時，即使遇到世界上最倒楣、最不幸的事，也不會成為世界上最倒楣、最不幸的人。

有一個社會學家，為了研究父母對子女的影響，弄明白認知模式是由先天遺傳決定的還是由後天環境改變的，收集了很多同卵雙生子的家庭資料。

同卵雙生子的遺傳基因相同，研究他們的行為變化，可以幫助人們瞭解遺傳和後天環境對認知模式的不同影響。在所有的研究樣本中，有一對雙胞胎兄弟是這個社會學家小時候的街坊。這對雙胞胎兄弟有一個酗酒的父親，脾氣暴虐，動輒對他們兩人大打出手，他們在童年時備受虐待，留下了很多心理創傷。

長大以後，他們去了兩個不同的城市工作，各自成立了家庭。社會學家聯繫上了他們，並決定去拜訪他們。他先去拜訪了哥哥，進了哥哥的家門後，他看到的是凌亂的房間，到處都是酒瓶，兩個孩子怯生生地望著來訪者。當社會學家問哥哥為什麼把日子過成這樣時，他開口說：「你知道我是從一個怎樣的家庭出來的，你也知道我有一個怎樣的爸爸，我還能怎麼樣？」

過了幾天，社會學家又去了另一個城市採訪弟弟。進了弟弟家門後，看到的卻是另一種情景：整潔的環境，和睦的夫妻和可愛的孩子，幸福洋溢在每個人的臉上。他大為驚訝，為了研究的客觀準確，他多次去弟弟家，最後終於確信，弟弟的幸福是真實的。於是，他問弟弟，為什麼會有這麼幸福的家庭，這位弟弟的回答和哥哥一模一樣：「你知道我是從一個怎樣的家庭出來的，你也知道我有一個怎樣的爸爸，我還能怎麼樣？」

這對雙胞胎兄弟有著同樣的遺傳基因、同樣粗暴的父親和同樣不幸的童年，也有著同樣的問題：有了這樣的經歷，我還能怎麼樣？他們的回答，甚至在字面上也是一樣的，但是他們的選擇是截然不同的。哥哥被早期的痛苦牢牢控制，由於缺乏理性的反思，他唯一的選擇就是被動地複製父親的模式：「我也只能這樣了。」而弟弟卻是在理性而痛苦的反思後做出了完全相反的選擇：「我再也不能這樣了。」

在同樣的環境下，兩個人做出的選擇之所以完全不同，完全是心智模式不一樣導致的。

心智慧力的高低，決定了我們能在多大程度上超越本能。越受本能情緒的支配，活得就越被動。

被動地理解環境對自己的意義，被動地思考過去的經歷，被動地接受知識和經驗，難怪黑格爾說：「熟知並非真知。」磕磕絆絆地弄明白了別人解釋世界的工具，如語言、概念等，然後又磕磕絆絆地學得了一點兒別人的解釋方法，如唯物論或唯心論，如此種種，無疑是人生最大的悲劇之一。

沒有建立自己的解釋方法，就難以從經歷中總結出有益的教訓。沒有自己的思想體系，就只能盲目地跟隨這個世界。於是，有的人，成了世俗要求的奴隸，而有的人，成了自己經歷的奴隸。

認知力有一點點差異，結果就產生了如此大的不同。

所以，清算苦難，不如開始改變。只要我們願意走出自己的慣性思維，重新審視這個世界，把經歷總結成有用的經驗，就能在搖擺中獲得成長。

適當放低姿態，才能少走彎路

當你企圖去糾正別人時，應首先想想是不是更應該糾正自己。

我們常常不把一種知識參透，就開始到處宣講；投資物件的基本資訊都沒弄清，就莽撞投資；路都沒有探清，就一腳踩出去。人生的悲劇，多數就是這樣產生的。無論是一項工作，還是一項任務，我們都要做到知己知彼，才能順應形勢；適當調整策略，才有致勝的可能。

有時，我們僅僅靠自己觀察，還是會有很多失察的地方，很多情況，無法一下子都弄清楚，那麼，向有經驗的人學習就非常重要了。

有一個博士被分到一家研究所，他是這兒學歷最高的人，不免有些驕傲。有一天他到單位後面的小池塘去釣魚，正好正、副所長也在那裡釣魚。他只是微微點了點頭。

不一會兒，正所長放下釣竿，伸伸懶腰，「蹭、蹭」從水面上如飛地走到對面上廁所。

博士眼睛睜得都快掉下來了。水上漂？不會吧？這可是一個池塘啊！正所長上完廁所回來的時候，同樣也是「噌、噌」地從水上漂回來了。怎麼回事？博士生又不好意思去問，自己是博士生呢！

過一陣，副所長也站起來，走幾步，「噌、噌」地漂過水面上廁所。這下子博士更是差點昏倒：不會吧，自己到了一個江湖高手集中的地方？這時博士生也內急了。這個池塘兩邊有圍牆，要到對面廁所非得繞十分鐘的路，而回單位上又太遠，怎麼辦？

博士生也不願意去問兩位所長，憋了半天後，也起身往水裡跨：我就不信本科生能過的水面，我博士生不能過。只聽「咚」的一聲，博士生栽到了水裡。兩位所長將他拉了出來，問他為什麼要下水，他問：「為什麼你們可以走過去呢？」兩位所長相視而笑：

「這池塘裡有兩排木樁子，由於這兩天下雨，木樁被水淹沒了。我們都知道這木樁的位置，所以能踩著樁子過去。你怎麼不問一聲呢？」由此可見，我們做任何事之前，都要先摸清情況，順應形勢，才能少跌跟頭。而只有適當放低姿態，向有經驗的人學習，才能少走彎路。

但我們中的很多人缺少的恰恰是這種虛心學習的態度，好不容易學到了一點沒有經過驗證也不知道是否完整的知識，便揮舞著真理大旗去指點別人了。

當你企圖去糾正別人時，應首先想想是不是更應該糾正自己。

與其「好為人師」，招惹麻煩，不如去拜人為師，使自己成長。我們應該多向他人學習，不要隨便指點、糾正別人。否則，自己鬧了笑話還覺得自己很了不起，這就太愚蠢了。就像兩隻不知自己在籠中而覺得別人在籠中的鸚鵡那樣。

有兩隻畫眉，從出生就生活在籠子裡，從不知道籠子之外的世界。主人（其實在牠們看來那是自己的僕人）會定時給牠們餵食換水，牠們總是隔著籠子，用憐憫的眼光打量那些從籠子前飛過的麻雀——牠們總以為眼前的柵欄，是圍那些飛來飛去的麻雀的。

一隻畫眉說：「唉，那些關在柵欄裡的麻雀是多麼可憐啊！」

另一隻畫眉連連點頭：「是啊，牠們整天飛來飛去地找食，一刻不停，生活太悲慘了！哪像我們這樣自在呢？」

「我們得想個辦法幫幫麻雀們。」

「怎麼幫呢？」

「是啊，簡直沒辦法，隔著柵欄，我們無法靠近牠們。」

「是呀！」

兩隻畫眉說了半天，想不出任何拯救麻雀的辦法。牠們熱烈的爭論聲引來了一隻麻雀。麻雀飛過來問：「可憐的鳥呀，你們需要我的幫忙嗎？」

「哈！我還想問你們麻雀呢！你們每天忙忙碌碌，不覺得活得很艱辛嗎？你們為什麼不想辦法衝出柵欄，就像我們這樣無憂無慮地生活呢？」畫眉憐憫中不自覺地帶著一點哀其不幸、怒其不爭的感慨。「要努力為自己尋找一個世界。」另一隻畫眉頗有詩意地補充。

「真搞笑，你們有時間還是先拯救自己吧！」麻雀說完，自由自在地飛向了天邊。

這個笑話並不好笑，但卻說明了個人眼光的局限性。我們以為正確的東西，在別人以更大的視野看來，可能完全是錯的。

每個人都有自我，掌握著對自己心靈的自主權，並經外在的行為來檢驗自我堅固的程度。你若不瞭解此點而去批判他人，他人會明顯地感受到他的自我人格受到了你的侵犯，有可能不但不接受你的好意，反而還採取不友善的態度。因為他覺得你的熱心不僅是在瞎摻和，而且還打擾了他。

所以蘇沃洛夫說：「我認為，蠢材的特徵是高調，庸才的特徵是卑鄙，真正品學兼優的人的特徵是情操高尚而態度謙虛。」

生活中的一個無法回避的事實是，每一個人的能耐總是十分有限，沒有一個人樣樣精通，所以，人人都可以在某些方面成為我們的老師。當我們自以為擁有一些才華時，我們要記住，自己還十分欠缺，而且會永遠有所欠缺。多學習，才能少走彎路。

每個人的路，都只能自己走

成熟要我們懂得，自由不是為所欲為，而是不干擾別人也不被別人干擾。

很多人雖然在年齡上已經達到了成年的標準，但卻只有生理層面的強大。多數人終其一生，只會老去，不會成熟。很多家庭，更多注重的是撫育孩子的身體成長而不是心智成長，這就注定了很多人的心智成長只能交給社會歷練。

有個耳熟能詳的故事：斯爾曼在很小的時候，一條腿就患上了慢性肌肉萎縮症，走路都很困難，可他憑著頑強的精神，創造出了令人矚目的壯舉：十九歲時，他登上了珠穆朗瑪峰；二十一歲時，他登上了阿爾卑斯山；二十二歲時，他登上了吉力馬札羅山……然而，就在他二十八歲這年，突然自殺了。

如此堅強的他為什麼會選擇自殺呢？

原來，他的父母也是登山者，他們在一次登山運動時遇險，他們留下的遺囑，就是希望兒子能像個正常人一樣，征服那些著名的高山。斯爾曼的全部奮鬥和努力都是為了完成父母給他定下的目標。當他實現這些目標後，由於沒有下一步目標，所以感到了前所未有的迷茫。

在自殺現場，人們看到了斯爾曼留下的遺言：「攀登了那些高山之後，我感到無事可做了。」斯爾曼的肌肉在成長，心智並沒有成長，沒有了獨立的思考，失去了人生的目標，於是才選擇了拋棄自己的人生。

成長的道路是用接踵而來的心靈掙扎和無數次淚流滿面後的覺悟鋪墊的。這是一種蛻殼的痛，是一種必須親身體驗的痛，是一種不被理解的痛，是一種不斷砍掉自己身上的刺的痛。

幸福需要成熟的心智去承受，很多人由於心智不成熟，只能機械地做任務，於是免不了陷入迷茫，甚至被生活玩弄。

做好成熟的準備，就要求我們要學會把自己和他人放在對等的位置上，不去仰視強者，也不睥睨弱者，一個富翁和一個乞丐，差異只在於工作和著裝，除此之外，不該有社會地位的差別。

因為人與人之間是平等的，所以，心智成熟的人，不能總要求別人，而只能要求自己。如果有需求，可以通過交易來滿足。例如，你想要一個蘋果或 iphone，就得掏錢買，不能指望別人白給你。

成熟要我們懂得，自由不是為所欲為，而是不干擾別人也不被別人干擾。

成熟要我們懂得，每個人只能做獨立的自己。所謂的獨立，便是指人格獨立。人生的大部分時間裡，都只能自己一個人走。自己不能走的情況，請參看殘疾人。人格不獨立或者說不願意自己走的人，與需要輪椅或為床所困的人沒有什麼區別。沒有獨立意識的人，注定會成為社會的棄兒。

紀錄片《最後的獅子》中，獅王被新入侵者打敗，一頭帶著三隻幼崽的母獅，為了孩子不被新獅王殺死，選擇了帶著孩子逃亡。

在她冒著危險獵牛時，寶寶不見了。尋找孩子，是母親的本能。牠找了很久，終於在遠方發現了小獅子，可這時小獅子被踩斷了尾椎，只能拖著自己的後半身行走。無論牠多麼努力，也治不了寶寶的傷。最後一次餵了寶寶奶後，嗚咽良久，母獅終於做出了一個決定：拋棄這個寶寶——是的，當小獅子無法站立的時候，就注定了成為棄兒。牠無論是被鬣狗咬死，抑或是被野牛踩死，已經無關緊要，既然結果已經是必然，那麼，怎麼實現這個結果只是方式問題，而不是根本問題了。

於肉身，能否獨立獨行尚且如此重要，何況是精神？

做好成熟的準備，意味著我們要把自己當成獨立的個體，與社會成員擁有同樣的權利，也要承擔同樣的義務；意味著父母沒有義務無條件地為我們奉獻，我們也沒有權利一味向父母或社會索取；意味著每個人的路，都只能自己走，每個人的成長，都只能自己承擔。

盡力，不如比別人更努力

與其在不甘裡空懷理想，不如努力拚上一回；
與其總是被生活逼著努力，活得毫無樂趣，不如從現在起就改變自己。

一個男孩正在苦惱自己要不要去某家公司。那時候，他已經在同行公司小幹過一年了，經驗不太豐富，但具備了最基本的行業知識。他應聘這家公司時，感覺公司的待遇和以前差不多，心中頗為不甘。他不斷地問工資的構成，具體有哪些福利，工資什麼時間發等等。當面試官說，工作頭三年，不應該過於計較工資的時候，他說了一句話：「我得保障我最基本的生活，你看，現在就這麼點工資，扣掉房租、交通和吃飯的費用，什麼都剩不下，我總得買點衣服吧？我總得請幾次客吧？這樣的待遇，我連點兒餘地都沒有……」

有的人的「基本生活保障」要求太高了，就像一開口就要「年薪不低於十萬」的「基本生活保障」一樣。如果你的「基本生活保障」標準是開著賓利車，帶著「傾國姿色」一周遊世界，我真不覺得這樣的「基本生活保障」是合理的。

其實，即使「基本生活保障」在合理範圍內，在沒有生存能力的時候，都不配索取「基本生活保障」。是啊，一個月三四千，對在北上廣漂泊的人來說，租房子只能租偏遠的或條件差的，吃飯只能吃速食或自己做的，買不上好衣服，交不起酒肉朋友，確實只算勉強活下去的保障。但這勉強活下去的保障，你真的配擁有嗎？在你無能的時候！

一個沒有生存能力的人能生存下去的唯一原因是有人施捨或付出。人們從有生命那刻起，便在仰仗母親的付出，從完全依賴，到後來終於出生後慢慢有了自理能力，再到終於有了可以獨立生活能力，在這一漫長過程中，他們依賴的是家人的付出和愛。我們是他們的期待，所以，我們可以享受他們的愛，但也理所當然地要承擔相關的責任。

但在社會中，人與人之間是平等的，沒有誰應該無條件為另一個人付出。人們彼此之間是相互合作的關係，我以我多餘的，交換我缺少的，你以你多餘的，交換你缺少的。如果你的所缺，恰是我的所餘，你我便可協商一個交易條件，把我們的合作進行下去，而不是一方無條件以付出，另一方無條件地接受。我們的工作關係亦如是。你能一天造一千塊磚，但是你缺少買糧買衣的錢，那麼，我們商量好，你每給我造一千塊磚，我便給你一百塊錢，如是公平交易，童叟無欺。

一個人所創造的價值，最少得是他工資的五倍，因為辦公場地、運營成本以及種種其他成本加起來，是其工資的五倍。我們到手的每一千塊錢，都意味著公司要支付五千塊。這還不包括風險成本。假如公司以一千塊錢的價格招了你進來，你卻終日閒聊、上網、打遊戲，大事兒不會幹，小事兒幹不了，時不時給公司找很多事兒，唯一的盼望就是發薪日。佔著公司資源，白白浪費著公司成本資金，稍有難度、稍需要耐心的工作，你不是幹不了，就是不願意幹，還覺得這工作太辛苦，動不動就抱怨自己起得比雞早，吃得比豬糟。

其實，在我們沒有生存能力的時候，是連吃得比豬糟的資格都沒有的，唯一可以倚恃的，不過是公司需要浪裡淘沙而帶給我們的嘗試機會。不妨感謝那些起得比雞早、吃得比豬糟的生活，感激這些公司，因為他們給了我們一份信任。

下雨天，你沒有傘，只有奔跑，才能讓自己少淋雨。如果你既沒有別人擁有的硬體設備（傘），又不想自己努力（奔跑），這樣下去，怎能通向成功？

所以，很多時候，我們只能在不甘心裡仰望理想。其實，不逼自己一把，永遠不知道自己有多優秀。人的一生，總得有個盼頭，幹嘛讓自己不快樂，也不被認可？要麼讓自己爽，要麼讓別人發現你確實了不起，從而珍惜你感激你。兩頭都不圖，你鬧哪樣呢？

我們是自己的上帝，人生的價值與意義都是我們自己賦予自己的。與其在不甘裡空懷理想，不如努力拚上一回；與其總是被生活逼著努力，活得毫無樂趣，不如從現在起就改變自己。唯有這樣，你才會發現，生活正以你希望的那樣子，出現在你面前。

上天自有安排，你只負責精采

慕顏歌 著

《你的善良必須有點鋒芒》年度暢銷名家
教你逆襲人生的60個通關密語！

我們永遠都不知道生活會用什麼樣的方法出牌，沾沾自喜時，它給你一巴掌；
困惑無助時，它又不讓你太絕望。其實歲月薄情，只是為了讓我們懂得慈悲；
世事無常，都是為了體現我們爆表的戰鬥力。別把時間都浪費在埋怨上，逆襲才是正事！
生命沒有滿血復活的外掛，我們只能用努力，許自己一個不再平凡的未來！

人生有多殘酷，你就該有多堅強

28則教你不隱忍、不迷惘，正面迎擊人生的處世指南

我們把自己傷了，反說別人傷了我們；我們把世界看錯了，反說世界欺騙了我們。
將我們與他人隔開的，或許就是我們自己。
我們永遠不會像自己所想像的那樣幸福，但也不會像自己所想像的那樣痛苦。
經過人生所有的矛盾，將人生活成一場簡簡單單的感謝。
心若向暖，便無處不花開。人生有多殘酷，你就應該有多堅強！

慕顏歌 著

國家圖書館出版品預行編目資料

每天叫醒你的不是鬧鐘，而是心中的夢想 / 慕顏歌著.
-- 初版. -- 臺北市：平安文化, 2018.08
面； 公分. -- (平安叢書；第602種) (Upward；88)

ISBN 978-986-96416-6-1(平裝)

1.自我實現 2.生活指導

177.2 107010544

平安叢書第602種
UPWARD 088

每天叫醒你的不是鬧鐘，而是心中的夢想

作　　者—慕顏歌
發 行 人—平雲
出版發行—平安文化有限公司
台北市敦化北路120巷50號
電話◎02-27168888
郵撥帳號◎18420815號
皇冠出版社(香港)有限公司
香港上環文咸東街50號寶恒商業中心
23樓2301-3室
電話◎2529-1778　傳真◎2527-0904
總 編 輯—龔橞甄
責任編輯—平　靜
美術設計—王瓊瑤
著作完成日期—2015年
初版一刷日期—2018年8月

法律顧問—王惠光律師

讀者服務傳真專線◎02-27150507
電腦編號◎425088
ISBN◎978-986-96416-6-1
Printed in Taiwan
本書定價◎新台幣280元/港幣93元